「人気の弁当料理」大全

弁当づくりの調理便利帳

大田忠道著

「人気の弁当料理」大全　目次

一章　四季の趣向弁当

春の趣向弁当

夏の趣向弁当

秋の趣向弁当

冬の趣向弁当

二章 集い・祝い・行事の趣向弁当

三章 仕出し・持ち帰りの弁当

弁当づくりの調理便利帳

本書をお読みになる前に

■本書「人気の弁当料理」大全は、料理店で喜ばれる弁当の仕立て方の例を紹介することを主眼としたものです。各料理の分量表記につきましては、弁当箱の大きさや形によっても異なりますので、表記していない場合もあります。掲載の材料や配合例を参考にして、ほどよい分量をご用意ください。

■本書の計量単位は、大さじ1（15mℓ）、小さじ1（5mℓ）、1カップ（200mℓ）です。

■弁当の料理の調理ついては、「弁当づくりの調理便利帳」（102～128頁）の項を設け、各調理法の技術や調味法の特徴を紹介しています、また「弁当の料理　配合便利帳」（130～135頁）も収録し、本書でよく登場する煮物や焼き物の煮汁やたれの割合を表示しています。合わせてご参照ください。

■本書で「だし」とある場合、原則としてカツオ節で引いた一番だしを指します。だしの引き方については「一番だしの引き方」（109頁）をご参照ください。また汁物や煮物料理で多用される「基本の八方だし」については112頁をご参照ください。

■酒とみりんは、調理法によっては、適宜煮きってアルコール分をとばしてからご使用ください。

■魚のおろし方については、「おろし身」は魚をおろしたのち、腹骨や小骨などを取り除いたものをいい、「上身（じょうみ）」は、おろし身の皮を引いたものを指しています。なお、下ごしらえ中の立て塩は、海水程度の塩水のことで、魚介の下洗い、下味などに使います。

※本書は、旭屋出版ＭＯＯＫ「人気の弁当料理」（平成15年刊）に、
新たに弁当料理を追加撮影し、再編集構成、改題し書籍化したものです。

四季の趣向弁当

春の趣向弁当

うきうきと楽しさいっぱいのこの時季、弁当にもやはり明るい色や爽やかな緑色を使うことが多くなります。旬の材料では山菜や野草の独特のほろ苦味が喜ばれますし、煮物、和え物、お椀、おすしにと筍の料理が欠かせません。また、グリーンピースやそら豆などの優しい緑色も春らしい彩りです。魚介では桜鯛を筆頭に白魚や稚鮎など春ならではの美味も。花びらを模した百合根や人参をあしらいに多用します。

※この項の作り方と解説は136頁～

半月弁当

半月の弁当器いっぱいに春らしい料理を詰めた贅沢感のある弁当で、蓋を開けた瞬間から期待が高まります。ご飯も彩りのよい細魚と海老の手綱ずしを盛り、料理性を高めています。料理は色合いに気を配るほか、形に面白みのあるものなども組み入れるとまとまりがよくなります。半月弁当器の中仕切りの枠は「入」の字のように置くのが一般的ですが、逆に「人」という字となるよう置く事もあります。

[左枠] 小柱の姫酢和え、こごみ／豚角煮奉書巻き／蕪、筍、南瓜の煮物／烏賊松笠煮／蛸の柔らか煮／絹さや／花蓮根／二色しんじょ／銀ムツの揚げ物甘酢漬け／青菜／牛肉の巻き物（ヤングコーン、ホワイトアスパラガス）／木の芽

[右枠] 鰻巻き卵／真名鰹の西京焼き／アスパラガスの梅酢漬け／海老すり身のあられ揚げ／芋ずし／鰆祐庵焼き／茶福豆芥子の実まぶし／すり身の替わり衣揚げ／常節の旨煮／蛍烏賊酢味噌がけ／うるい／うど新芽

[ご飯] 細魚と海老の手綱ずし／稲荷ずし

春

松花堂弁当

オーソドックスな黒塗りの松花堂弁当箱ですが、ここで紹介のように中子（入れ子）の器でも季節を演出できます。料理は春ならではの筍、蕗、鯛の子の炊き合わせに、鰆の祐庵焼き、白魚の利休揚げなどで、ご飯はこんにゃくの稲荷ずしと高菜ずしで楽しくしました。白飯の物相飯を添える場合には、おかずになる味の濃いものが一品あると喜ばれます。

[造り] 太刀魚焼き霜造り／烏賊切り掛け造り／細魚短冊造り／近江こんにゃく／花びら人参／大根大原木
[煮物] 鯛の子、蕗、筍、若布、人参の炊き合わせ／木の芽
[八寸] 鰆祐庵焼き／そら豆塩茹で／海老黄身衣揚げ／アスパラガス梅酢漬け／丸十蜜煮／だし巻き卵小袖／白魚利休揚げ
[ご飯] こんにゃく稲荷ずし／高菜ずし／ごぼう土佐粉まぶし
◇お椀 若草豆腐／桜花大根／菜の花／花びら人参

幕の内弁当

六枠に分かれた弁当器に、造り、炊き合わせ、焼き物、揚げ物と、各種調理法の料理を盛り分けました。各枠ごとにバランスよく余白を取るのが盛りつけのポイントで、料理のボリュームもほどよい加減となります。

［造り］細魚短冊造り／烏賊切り掛け造り／湯葉こんにゃく／花わさび醤油漬け
［煮物］海老黄身煮／小芋と人参、南瓜の炊き合わせ／わらび／絹さや／木の芽
［八寸］鮭の有馬焼き／帆立貝黄身焼き／丸十蜜煮芥子の実まぶし／手綱こんにゃく／蓮根甘酢漬け／そら豆塩茹で／楽京ワイン漬け
［揚げ物］海老すり身の替わり揚げ／白魚の利休揚げ／山菜天ぷら（こごみ、うどの葉）
［強肴］飛龍頭の鼈甲あん／人参／うぐいす菜
［ご飯］山菜醤握りずし
◇お椀　白魚の若竹椀

春の趣向弁当

箱盛り弁当

やや大ぶりの塗りの箱に、軽やかな色彩の料理や、桜の花の器を取り合わせて春らしい風情を強くしました。煮物料理を少し多めとし、ご飯はちらしずしを添えましたが、食事としても満足感があり、お酒もすすめる仕立てとなっています。手持ちのお盆などでも応用の工夫を。

[八　寸] だし巻き卵／真名鰹西京焼き／鴨ロース燻製／太刀魚ろう焼き／白魚の美人粉揚げ／湯葉のつけ焼き／海老塩茹で／蛸の柔らか煮／菜の花／山桃蜜煮

[煮　物] (手前左・黄色小鉢)筍、ごぼう、人参、こんにゃくの煮物
(桜花びら小皿)厚揚げの煮物／鯛の子と肝の旨煮／きゃら蕗

[ご　飯] ちらしずし

◇お椀　鯛しんじょと熨斗海老の清まし仕立て

手提げ三段重

引き出し式の手提げ三段重ですが、料理にも充実感を持たせることで弁当器の魅力も生かせます。春の食材を使い、趣向を凝らした料理をきっちりと盛り込み、品格のある仕上がりとしました。

[一の重] 造り（烏賊、車海老湯ぶり、蛸湯ぶりの三種盛り）

[二の重] だし巻き卵／太刀魚の酒盗焼き／丸十蜜煮の芥子の実まぶし／細魚わらび／人参含め煮／梅大根白煮／蛸の柔らか煮／小芋含め煮／そら豆塩茹で／飛龍頭の鼈甲あん

[三の重] 筍年輪ずし／桜香ずし／焼き大羽鰯棒ずし／花蓮根甘酢漬け／ごぼう土佐粉まぶし

◇お椀　蛤の潮仕立て

篭《かご》盛り点心

焼き物を多めに組み込んだ酒肴に喜ばれる一品です。ちょっと深さのある篭などの場合、料理がたっぷりと入りますし、立体的な盛りつけもポイントとなります。稚鮎ののぼり焼き、花びら形の豆皿でバランスよく。

鰻巻き卵／カマス両褄焼き／真名鰹西京焼き／帆立貝柱つけ焼き／烏賊ろう焼き／天ぷら(そら豆、こごみ)／稚鮎のぼり焼き／そら豆塩茹で／牛肉の八幡巻き／葉わさび醤油漬け／巻き湯葉含め煮／人参含め煮／筍の木の芽和え／桜香ずし／きゃら蕗／山桃蜜煮

青竹弁当

料理は春から初夏にかけてのもので、色彩的にはまだ春らしい雰囲気ですが、清々しい青竹の弁当器に盛ることで、すっきりと爽やかな印象にまとめました。三種の替わり巻きずしで個性を持たせましたが、青竹の蓋をかぶせてお出しするといっそう喜ばれる仕立てに。

鰻巻き卵／銀ムツ西京焼き／常節の旨煮／海老芝煮／鯛の子含め煮／野菜の煮物（小芋、蕗、人参、茄子、蓮根、ごぼう）／蛸の柔らか煮／帆立貝柱替わり衣揚げ／烏賊黄身焼き／三色巻きずし／そら豆塩茹で／花びら百合根／木の芽

夏の趣向弁当

初夏から真夏にかけては、爽やかさや涼しさの演出がポイントとなり、ガラス器を用いたり、笹や板谷楓なども緑色の葉掻敷を添えることが多くなります、料理はさっぱりと塩味で調味したものが喜ばれるほか、スタミナのつく鰻や鱧などの料理もこの時季ならではのものです。お盆や祭りなど、仕出しの弁当では、傷みにくいものを細心の注意で取り合わせます。

※この項の作り方と解説は１４３頁～

白木長方形二段弁当

暑い盛りでもすっきりと食のすすむよう、あっさりした味わいの料理を取り合わせています。焼き鱧や鰻の蒲焼きなど、おすしを楽しい食べ味で揃えましたので、料理は炊き合わせを多めに盛りつけ、鱧の子の和え物など、ちょっと珍しいものをアクセントに添えると、個性が出せます。

［上　段］鱧の子と小芋養老和え／だし巻き卵／穴子のグリーンアスパラガス巻き／手綱こんにゃく／オクラ／パプリカ／木の葉人参／焼きヤングコーン／そら豆／車海老芝煮／帆立貝柱黄身焼き／小芋含め煮／蛸の柔らか煮／椎茸含め煮

［下　段］すし五種（蛇籠の蓮根、鰻蒲焼き、鱧焼き霜梅肉添え、姫ずし、甘唐辛子射込み）／漬け物(白菜漬け巻き、生姜甘酢漬け、きのこ時雨煮)

白木六角形二段弁当

蓴菜入りの冷やし鉢に始まり、鱧の落とし、穴子の鳴門巻き、鮎の焼き物、そしてご飯ものにも焼き鱧と焼き鮎のすしと、夏を代表する味覚をたっぷりと使っています。枠内の仕切り替わりにほおずきやトマトカップを使い、さらに夏の印象を深めました。

［上　段］　造り（鱧落とし、鯛そぎ造り、車海老湯ぶり、烏賊、みょうが、ミニオクラ）／南瓜の煮物／冬瓜楓／ごぼうハンバーグ／鮎味噌射込み焼き／花びら生姜の甘酢漬け／冬瓜海老巻き／だし巻き卵／花蓮根の甘酢漬け／梶木のつけ焼き／貝柱マヨネーズ梅酢和えトマト詰め／穴子鳴門巻き／太刀魚黄身焼きと海老の松葉

［下　段］　牛肉たたきとろろ芋／湯葉きんぴら／焼き鱧と焼き鮎の棒ずし

◇ひじきそばの冷やし鉢　吸い酢がけ

白木松花堂弁当

松花堂弁当では、左下の枠にご飯、右下の枠にはお造り、そして奥左に炊き物、奥右に焼き物を盛ることが多く、これは食べよさを考慮したものですが、料理の取り合わせや彩りなどによっては位置を変えることもあります。ここでは派手な色みをあえて控え、青掻敷を使うことで、夏らしい涼やかな雰囲気に仕立てました。

[炊き合わせ] 蓮根飛龍頭／茄子の翡翠煮／車海老／グリーンアスパラガス
[八　寸] だし巻き卵小袖／鮎一夜干し／焼き長芋／蛸水晶／太刀魚のにんにくの茎巻き／烏賊黄身焼き／花びら生姜の甘酢漬け／酢取りみょうが
[口替わり] 夏野菜のゼリー寄せ
[ご　飯] さつま芋ご飯／若布の茎佃煮
◇お椀　白木耳入りしんじょ、フカヒレ、冬瓜、蓮根

秋の趣向弁当

秋の深まりとともに弁当器に添えられる彩りが緑から黄色へと変わり、紅色が多くなります。この時季はいちょうや紅葉に抜いたあしらいのほか、秋の七草を添えたり、満月に見たてた料理など、季節の情景を演出する色んな手法があります。栗、銀杏、松茸、菊など野山の食材も充実し、徐々に温かみのある料理が喜ばれるようになります。

※この項の作り方と解説は147頁～

松花堂弁当

しっとりと秋らしい色合いの松花堂弁当器に、落ち着いた色調の料理を取り揃えました。五色を揃えるといっても、季節ならではの相応しい色を使うとまとまりがよくなります。お造りは烏賊、帆立、太刀魚の三種盛りですが、すべてを焼き霜にすることで、秋らしい風情となり、軽い焦げ色も食をそそります。

［造　り］焼き霜造り三種盛り（烏賊、帆立貝柱、太刀魚）／糸瓜／すだち

［煮　物］茄子の翡翠煮／木の葉南瓜／海老芋含め煮／蕪白煮／小芋白煮／常節の旨煮／こんにゃくしぐれ煮／錦糸巻き／蟹粒梅ゼリー和え

［八　寸］鮎味噌漬け焼き／銀ムツろう焼き／蛸の柔らか煮／栗甘露煮／秋刀魚ずし／海老すり身の五色揚げ／しめじ芥子の実まぶし／焼き蓮根／ミニオクラ

［ご　飯］瓢形物相ご飯（白ごま）／楽京赤ワイン漬け

◇お椀　湯葉茶巾、海老、つる菜、金針菜、みょうが

松花堂弁当

昼時に喜ばれるほどよい量感の松花堂弁当。余白をもうけてすっきりと上品な雰囲気におさめています。ご飯は菊とゆかりをまぶした可愛らしい三色のむすびとし、存在感を持たせています。

[造　り] 鯛そぎ造り／刺身こんにゃく三種／水前寺海苔、黄菊、すだち
[炊き物] 冬瓜瓢含め煮／手鞠大根、人参、南瓜の含め煮／白ずいき白煮／しめじの煮物／鱈の子含め煮
[八　寸] 鰤西京焼き／海老塩茹で／秋刀魚の八幡巻き／焼き椎茸／栗渋皮煮／松葉銀杏／みょうがの甘酢漬け
[ご　飯] お結び（黄菊、紫菊、ゆかり）／大根浅漬け

桶盛り弁当

柿釜と海老芋の田楽釜で秋らしい魅力を深めました。弁当の器には、折敷やお盆、さらには大鉢や大皿など、多様なものが利用でき、盛りつけの工夫で新鮮味を感じて頂くことができます。いずれも余白のある盛りつけとし、果物釜や野菜釜、小鉢なども使い、多彩な料理を取り合わせると色々に変化が広がります。

海老芋田楽／蓮根の芋ずし射込み／みょうが甘酢漬け／だし巻き卵小袖／鯛の龍皮昆布巻き／烏賊の数の子和え／海老とグリーンアスパラガスの白ごまクリーム柿釜盛り／甘鯛のみりん干し／焼き葱／揚げ茄子の含め煮／子持ち鮎の煮びたし／揚げしめじ／海老塩茹で

◇ご飯　菊ご飯

◇お椀　赤だし（焼き長芋、粟麩）

竹ざる弁当

竹ざるの形の面白みを生かした弁当で、おむすびで小腹を満たしてからお酒をという方やちょっと軽めの食事をという方にも合います。料理は、魚介の揚げ物や焼き物など、器の特性から汁気のないものが多くなりますが、掻敷や豆鉢などを上手に使います。

甘鯛の利休揚げ、美人粉揚げ／鰆祐庵焼き／真名鰹西京焼き／甘鯛ろう焼き／野菜の煮物（里芋、蕪、南瓜、蓮根、人参）／すだれ麩含め煮／海老の芝煮／小芋の二色玉味噌がけ／秋刀魚の八幡巻き／俵結び（ゆかり、ごま、大葉）

［珍味入れ］なめこととんぶりの和え物、黄菊

竹篭《かご》弁当

懐かしみが感じられる篭の弁当箱に点心風に料理を盛りました。深さがあり、渋い色合いの弁当箱ですから、柿釜で高さと色を添え、ほかの料理もより立体的に盛りつけてバランスを図りました。

海老とアスパラガス、蓮根のごま酢和え柿釜盛り／穴子たれ焼き／秋刀魚有馬焼き／真名鰹吟醸焼き／鴨ロース／野菜の煮物（茄子、蕪、ごぼう、南瓜、人参）／栗甘露煮

長角二段弁当

長形18センチほどの二段箱に料理をきっちりと盛り込んで、お持ち帰りなどにも適する仕立てです。こうした弁当箱の場合、ご飯をならし盛りにしたのでは日常的な感じとなりますが、物相で抜くなど形をつけることでご馳走感が高まります。

［上段］
だし巻き卵／飛龍頭含め煮／鮭昆布巻き／野菜田舎煮（蕪、ごぼう、里芋、蓮根、茸）／ミニオクラ／金針菜／くわい甘煮／車海老芝煮／すだれ麩含め煮／鮭有馬焼き／ホワイトアスパラガス甘酢漬け／花蓮根甘酢漬け／栗渋皮煮／紅葉人参／貝柱黄身煮／穴子博多袱紗寄せ／百合根茶巾絞り

［下段］
車海老黄身揚げ／秋刀魚有馬焼き／ちしゃとう西京漬け／松葉刺し／蛸の柔らか煮／しめじポン酢漬け／楽京赤ワイン漬け／ひじき初霜和え／物相栗ご飯／ハリハリ漬け

わっぱ弁当

小判形の曲げわっぱにちょっとずつ多種の料理を盛り込んだ女性好みの弁当。金柑釜のイクラの醤油漬けと豆鉢に盛った黒豆の白和えが、形、彩り的にもアクセントに。おむすびは、くちなしで色づけしたむかごご飯と赤飯を用意。小ぶりであっても充実感のある、料理屋ならではの弁当に仕上げました。

だし巻き卵／イクラ醤油漬け金柑釜／小鯛すずめ焼き／椎茸美人粉揚げ／鱧照り焼き／枝豆／合鴨ロース／ ひさご長芋／ 手綱こんにゃく／黒豆の白和え／ホワイトアスパラガスの甘酢漬け／俵ご飯（むかごご飯、赤飯）

秋の趣向弁当

半月弁当

紅葉狩りの季節にぴったりの幅広い用向きに向く弁当。松茸の土瓶蒸しは一人用のコンロにかけてお出ししてもよく、温かみのある演出となります。秋から冬にかけては、お椀替わりとして、あるいは煮物替わりに、小鍋を添えるほか、かぶら蒸しや茶碗蒸しなど、熱々の一品も喜ばれます。

［奥・左］だし巻き卵小袖／車海老芝煮／秋刀魚有馬煮／蛸の柔らか煮／海老すり身美人粉揚げ／甘鯛一夜干し／栗甘露煮／銀杏松葉刺し／山桃蜜煮

［奥・右］野菜の煮物（南瓜、ごぼう、人参、こんにゃく）／飛龍頭含め煮／すだれ麸含め煮／絹さや／紅葉人参／いちょう黄パプリカ

［手　前］三色俵むすび（きのこの炊きこみご飯、黄菊、紫菊）／ひじき初霜和え

◇松茸土瓶蒸し

丸形二段弁当

丸型の二段重の一段に、風味の良いきのこの炊きこみご飯を詰め、やや食事に重きをおいたものです。全体に落ち着いた色みでまとめることで、しみじみとした秋の雰囲気を醸すとともに、料理の実質性も感じとって頂けます。

［上段］

鮭の有馬焼き／だし巻き卵小袖／椎茸利休揚げ／穴子白煮／鱧白焼き／常節の旨煮／鮭の昆布巻き／しめじ、椎茸ポン酢漬け／いんげん／花蓮根甘酢漬け／黄パプリカ

［下段］

きのこの炊きこみご飯

秋の趣向弁当

小箱弁当

小ぶりの重箱には炊き物、焼き物の料理を味の移らぬよう留意して盛り合わせ、お造りとご飯、お椀を別添えにするスタイルに。弁当箱のほかに、前菜や造り、あるいは小鍋などの料理を別にお出しすると、より宴席向きとなります。

鯛塩焼き／真名鰹西京焼き／秋鮭ろう焼き／よもぎ麩の含め煮／子持ち鮎煮びたし／煮物（南瓜、大根、高野豆腐、ごぼう、蕪白、人参、百合根、しめじ、湯葉）／烏賊の酒盗和え
◇造り三種盛り（烏賊、間八、太刀魚）
◇ご飯　栗ご飯
◇お椀　海老しんじょ清まし仕立て

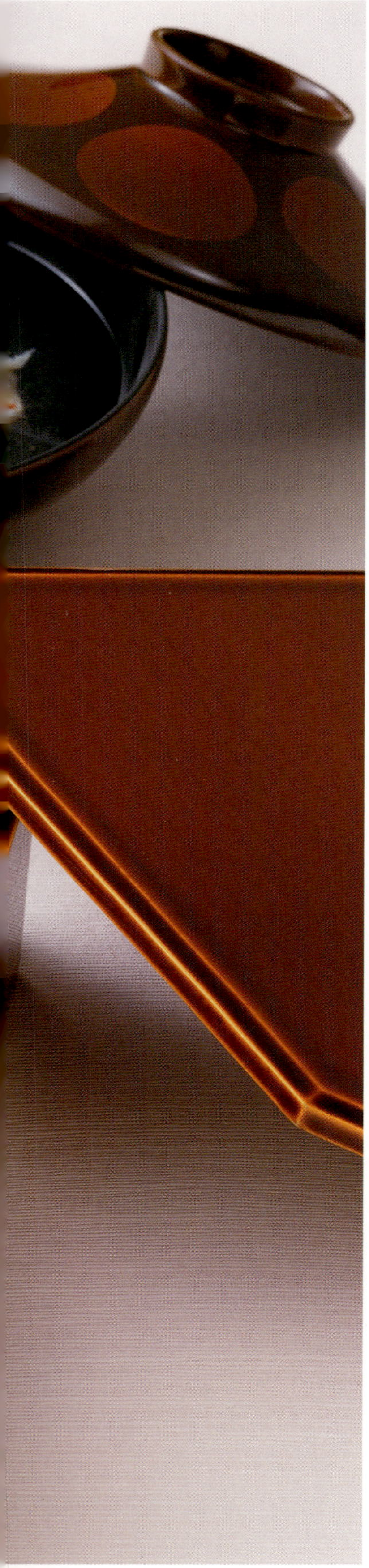

大徳寺弁当

この弁当器は、もとは京都の大徳寺にて菓子箱として作られたもので、余白を上手にもたせた盛りつけで独特の品格を生かします。物相型で抜いたご飯をメインとし、炊き物、焼き物などの料理をすっきりと収めます。

野菜の煮物（大根、南瓜、ごぼう）／鱈の子含め煮／蛸の柔らか煮／栗渋皮煮／鯛たれ焼き／帆立貝柱ろう焼き／ミニオクラ／物相ご飯（黄菊、紫菊）／赤蕪漬け、人参の漬け物
◇造り　鯛の造り、錦菜添え
◇お椀　もち麩、海老、しめじ、つる菜、すだち

冬の趣向弁当

秋から冬への移り変わりは、北と南の地方ではかなり違いがありますが、湯気の立ちのぼる温かい蒸し物や小鍋などを別添えにすると喜ばれますし、味の加減も少しこっくりとさせ、甘味をもたせると温かみがあります。魚介では蟹や貝類、鮭、鰤など旬を迎えるものも多く、弁当の料理に上手に取り入れたいところです。

※この項の作り方と解説は157頁〜

菓子箱替わり弁当

十二月の弁当の例です。この時季となりますと、筍や菜の花など春らしい食材も出始めますので〝走り〟のものを少し加えて楽しさを加味しました。弁当器は、市販の菓子箱を利用したもので、前頁の大徳寺弁当ほどはあらたまっていませんが、やはり窮屈とならないようほどよく余白を取ることがポイントです。

だし巻き卵小袖／甘鯛西京焼き／イクラ醤油漬け金柑釜／海老の芝煮／湯葉茶巾（銀杏、かしわ、椎茸）／野菜の煮物（小手鞠の南瓜と人参、ひねりこんにゃく）／菜の花／蛸の柔らか煮／甘鯛美人粉揚げ／貝柱利休揚げ／よもぎ麩たれ焼き／みょうがずし／一寸豆塩茹で／くわい煎餅／梅形物相飯、梅ちぎりのせ
◇お椀　蛤、蕪、筍、菜の花、松葉柚子

冬の趣向弁当

松花堂弁当

造り、炊き物、焼き物、棒ずしを端正に品よく盛り込んで、昼、夜を問わず幅広い席に向く仕立て。造りと炊き物には中子と呼ばれる器を使うことが多いのですが、炊き物には赤絵系のものを使うと温かみが出ます。また、ご飯の脇には必ず香の物を添えます。

［作り］鯛そぎ造り／刺身こんにゃく三種／花穂じそ、大葉、紫芽

［八寸］だし巻き卵小袖／鮭の有馬焼き／烏賊ろう焼き／穴子八幡巻き／花蓮根甘酢漬け／山桃蜜煮／黒豆、島人参西京漬け松葉刺し／ミニオクラ、酢取りみょうが

［煮物］海老芋／すだれ麩／木の葉南瓜／蕪／しめじ／菜の花

［ご飯］鯛焼き霜棒ずし／梅蕪

◇お椀　帆立貝柱しんじょ、帆立焼き霜、蓮根、うるい、黄柚子

弁当の季節感を演出する「あしらい」や「飾り切り」

あしらいは、器に盛りつけた料理を一層引き立てる目的で添えるものの総称で、日本料理では季節感や趣（おもむき）を添え、味を引き立てるものとして欠かせないものです。弁当の料理においても季節の彩りや雰囲気を盛り上げるうえで大事な役割を果たします。定番の大葉、花穂じそ、木の芽、菊花、防風、紅たでなどをはじめ、最近では洋野菜を用いることもあります。また紅葉や木の葉、梅などの形を模した野菜の飾り切りもよく使われます。色のアクセントにもなるあしらい類や野菜の飾り切りを用意しておくと重宝します。

●野菜の飾り切り

季節をイメージした意匠の飾り切りは、弁当の盛り付けの美しさや彩りにも一役買っています。春なら桜、秋は紅葉、菊、いちょうなど、それぞれの形を作り、茹でてから八方だしなどで下味をつけておくと、弁当全体の味との一体感が高まります。

●松葉に刺す

あしらいを松葉に刺すことで、器内での存在感が高まるとともに立体的に盛ることができます。定番の銀杏や黒豆、きぬかつぎなどの他にも、蛸やこんにゃく、生麩、きのこ類など、好みの素材を小さく切って刺すと、見栄えするだけでなく食べやすい点も利点です。

集い・祝い・行事の趣向弁当

人が集うときや嬉しい祝い事の日には、料理の役割も大切で、満足感が高いと好印象として残ります。お客様の用途用向きに合わせ、より喜ばれるように工夫したいところです。

ここでは大皿替わり弁当器を利用した例や行事の料理などを併せて紹介します。

豊かな色彩で目にも鮮やかに

花見の宴弁当

心はずむ花見の宴をご馳走の三段重がいっそう盛りあげます。一の重には、だし巻き卵、西京焼き、祐庵焼き、穴子の八幡巻きなど、魚介の焼き物、揚げ物の中でも時間がたっても味のよい肴を取り合わせ、二の重には華やかな色合いの季節の煮物を盛り合わせています。ご飯は、丁寧に下ごしらえした魚介をふんだんに使ったちらしずしで、酒肴にも、食事にもなり、さらに見映えもよく、幅広い方に喜ばれる内容です。

［一の重］ だし巻き卵／真名鰹西京焼き／鮭祐庵焼き／常節の旨煮／すり身の替わり揚げ三種／穴子八幡巻き／アスパラガス梅酢漬け／蓮根甘酢漬け

［二の重］ 野菜の煮物（筍、小芋、蕗、ごぼう、人参、絹さや、菜の花）／鯛の子含め煮／手綱こんにゃく／鮭昆布巻き／海老黄身煮

［三の重］ 山菜と海鮮のちらしずし

ギヤマンの大皿で涼やかに

夏の酒肴大皿盛り

夏の日の小人数の集いに向けて、ガラス器と青掻敷で、爽やかに、涼やかに仕立てた例です。料理は、手前の目立つ位置に、清流を想わせる鮎の焼き物を盛り、ほかに穴子の鳴門巻きや鰻の蒲焼きなど夏が旬の魚介を食べ味を変えて取り合わせています。野菜は茄子と小芋の炊き合わせ、茹でたそら豆や枝豆、ほかに青唐辛子のすり身射込みなど、旬のものや名残りの食材で変化をもたせました。甘酢漬けの生姜や梅酢漬けのホワイトアスパラガスは彩りによく、味のアクセントともなりますので、バランスよく添えて下さい。

百合根ほおずき釜／真名鰹の西京焼き／大徳寺麩の煮物／茹で海老／だし巻き卵／太刀魚ろう焼き／鰻蒲焼き／花蓮根甘酢漬け／野菜の煮物（里芋、手綱こんにゃく、茄子、椎茸）／青唐辛子の射込み／丸十蜜煮／穴子の鳴門巻き／鮎味噌射込み焼き／貝柱のマヨネーズ梅酢和えトマトカップ／そら豆／枝豆／生姜甘酢漬け／アスパラガス梅酢漬け

春らしい彩り、食べ味に・・・・

春の酒肴　かご盛り合わせ

大ぶりの竹篭に山菜の天ぷらをはじめ、飯蛸の煮物、焼き豚、穴子のたれ焼き、野菜の煮物などをざっくりと盛り込んだ、仲間内の集いなどに向く酒肴です。ボリューム感がありますから若い方にはとくに喜ばれます。どこかしらおおらかで、野趣に富む仕立てですから、料理はちまちまと小さく作っては盛り映えがしませんし、あまりに整然とさせない点もポイントです。取り分けやすいよう盛りつけて下さい。ご飯はお握りや海苔巻きなどを用意するとよく、陽の温かな戸外がよく似合います。

山菜天ぷら（こごみ、うるい、柿の葉、うどの新芽、アスパラガス、よもぎなど）／煮豚／だし巻き卵／穴子たれ焼き／鮭の有馬焼き／野菜の煮物（里芋、南瓜、人参）／飯蛸の煮物／鯛の子と肝の旨煮／そら豆／菜の花／絹さや／花びら百合根

親しい方の集いや家庭でのパーティーに

オードブル弁当

中仕切りのある丸型の器に、オードブル風に色々な料理を盛り合わせました。丸い器の場合、どの角度からも料理を取り分けやすいのが利点で、親しい方の集まりや家庭内でのちょっとしたパーティなど、和気あいあいとした場に喜ばれるものとなります。料理は気軽につまめるものや手持ちのものを上手に組み合わせるとよく、子供から年配の方までを想定して、食材や食べ味に変化をつけることが大切です。より整然と盛りつければ、立食パーティの席などにも向くものとなります。

柿釜ごま酢和え／穴子治部煮／鱈の真子の煮物／野菜の煮物（茄子、南瓜、大根、人参、オクラ、海老芋）／穴子たれ焼き／焼き魚三種／替わり衣揚げ／栗甘露煮／揚げしめじ／焼き蓮根

ヘルシーで楽しい夏向きの趣向

旬彩菜巻き弁当

これもご家族やごく親しい方の集まりに向く目先の変わった弁当の例で、さっぱりと味わえ、夏場に格好のものです。蛸、鯛、太刀魚、鰻、海老の具に加え、お子様用には、ハムや卵焼きなどを添えても合います。巻き野菜は柔らかな風味のサラダ菜をはじめ、生食できるレタス類、そしてアクセントとなるセロリやアスパラガスを細切りにしています。合わせ味噌やたれも何種かを添えると、味の変化が楽しく、ついつい食がすすみます。野菜と魚介でヘルシーにまとめましたので、若い女性客にも歓迎されます。

ご飯／野菜（エンダイブ、サラダ菜、きゅうり、スプラウト、アスパラガス二種、セロリ、パプリカ）／具（鯛、太刀魚、蛸、鰻蒲焼き、茹で車海老、ハム）／肉味噌、ドレッシング四種

気取らずカジュアルに楽しめるのが魅力

中華弁当

香辛料や多彩な調味料を使いこなした中華料理には、和食とは違った魅力があり、幅広い世代の方に人気があります。また左右前後どこからも取り分けができる中華風の弁当は、細かな作法にとらわれず、料理を囲んで楽しい雰囲気を演出できるのも魅力です。ここでは少人数の集まりを想定し、エビのチリソースや酢豚、焼き豚など、おなじみの中華メニューをバランスよく盛り込み、親しみのある内容に。

[左] 焼き豚／黄色パプリカ／みょうが甘酢漬け
[手前] 胡瓜と人参の中華風漬け物／茹で鶏の葱生姜ソース和え／鶏肉の味噌炒め
[右] 海老チリソース炒め
[奥] 干し海老といんげんの炒め物／酢豚の梅ソース／烏賊ときくらげのめんつゆ炒め
[中央] 中華風おこわ　蓮の葉包み／紅葉人参／いちょう丸十

会席料理とそばの組み合わせで個性を打ちたてて

そば会席弁当膳

会席料理の要素をコンパクトにまとめた弁当に香り高いそばを添えて。お酒と料理を楽しんだのち、喉ごしのよいそばでしめ括って頂こうというもので、春らしいそば懐石弁当膳を紹介します。近年、そば店やうどん店などの専門店でも会席仕立ての弁当や料理に手打ちのそばやうどんを組み合わせる例が多くなっていますが、麺類が好きな方はやはり多く、幅広い方に魅力と映ります。そば店の場合、そばすしやそば米の料理など加えることで個性を打ちたてることができますし、郷土色溢れるそばと料理の取り合わせなどもこれからの時代に喜ばれます。

[八寸] 太刀魚のたれ焼き／烏賊すり身の美人粉揚げ／茹で海老／細魚の手綱焼き／穴子八幡巻き／蛍烏賊の酢味噌がけ／茶福豆
[煮物] 海老の黄身煮／手綱こんにゃく、蕗、ごぼう、小芋の炊き合わせ／蛸の柔らか煮
◇造り 鯛、細魚、烏賊、蛸、大根、菜の花、ワカメ、はす芋
◇食事 そば、大根おろし、煎りごま、青ねぎ

節句の日の彩り点心

節句の日や季節ごとの行事や祭りなども弁当や膳立てではテーマとして喜ばれます。ここでは雛祭り、端午、七夕、重陽の四つの節句を例に紹介しますが、節句や行事にちなむ料理や盛りつけを工夫すると、子供から大人まで楽しめるものとなります。

可愛らしい設《しつら》えで
目にも楽しく

雛祭りの点心

女の子の節句らしく可愛らしい膳立てに。茹で卵で二色のお雛様を作り、蛤の器には砧巻きや蛸の桜煮を盛りました。食事には、彩りも形も楽しい細魚と海老の手綱ずしを添えています。

邪気を祓《はら》い
健やかな成長を願う

端午の点心

料理は鮎の焼き物、穴子のたれ焼き、車海老、烏賊の巻き物、矢羽根の胡瓜など、男の子の節句らしくすっきりと盛っています。菖蒲とよもぎを添えて清々しい祝い膳に。

涼やかな仕立てで
あと味もよく

七夕の点心

七夕の時季らしく朝顔やほおずきの器を使って、爽やかな雰囲気に仕上げた夏の酒肴膳です。細鯛やサーモン、穴子、烏賊、魚の握りすしにイクラのおろし和えや海老の酢の物などの料理を添え、さっぱりとあと味よく仕上げています。

酒を酌み交わしつつ
秋の風情を楽しむ

月見の点心

くるみ味噌をかけた団子、栗の甘露煮と渋皮煮を高杯に盛り合わせ、野菜の煮物や魚介の焼き物なども添えました。ここでは月を愛でながら、酒を酌み交わす趣向で、しっとりとした膳立てにまとめています。

充実感の高いオードブル風のお節料理

お節一段重

お節料理も最近では、いろんな趣向のものが工夫され、例えば二人用のみならず、一人用のお節も人気で、その一人用を複数で注文される方もいらっしゃるほどです。ここで紹介するお節料理も、一人分の料理を盛り込んだものですが、二、三人の方でもお好みのものを選びながら、充分満足していただけるボリュームです。料理は、車海老に田づくり、数の子、昆布巻き、松風など、定番の正月料理に加え、人気の味わいのものを、少量ずつでも多種類盛りこみ、楽しみのあるものとしました。清々しい白木地の箱が、年改まった正月の気分を盛り立てます。

※お節料理の解説は76頁

にぎやかに盛り込んで華やぎを演出

お節三段重

格式ばった三段重の決まりをアレンジし、人気のある料理を数多く揃え、親しみのあるお節重に仕立てました。各段に仕切りの容器を組み込み、味移りや香り移りへの配慮をします。容器のサイズを大小組み入れると、大きく作って数を揃えたい焼き物や鮑の殻盛り、口直し的な和え物などをコンパクトに盛り込むにも便利です。仕切りがある分、盛りつけがしやすいのも利点です。裏白や杉など、時間がたっても清々しさが変わらない葉掻敷も取り入れると、五彩が揃って華やかな印象になります。

お節料理について

正月を祝う、お節料理が現在のような形になったのは、江戸時代の武家階級の作法が庶民に広まり、その過程でいろいろな意味が込められたもののようで、鯛、海老、数の子、黒豆、田作りなど、食材の名前やその姿形にあやかった縁起ものが多くあります。また、重箱の詰め方などにも約束事が多くありましたが、現在は少しずつその風習も薄れ、ちょっと贅沢なご馳走料理を重詰めすることで、お節替わりとする例も少なくありません。

お節料理は、今のように冷蔵庫がなかった時代には保存性を重視して味つけの濃い料理も多かったのですが、これには正月に台所を静かにして年神様や竈《かまど》の神様に静かに過ごしてもらうという意味合いもあったようです。

今では嗜好の多様化に伴い、和風に限らず、中華風や洋風などの調理法や味も取り入れるなど、多彩なお節料理も人気があります。

とはいえ、伝統的な祝い肴は、やはり大切にしたいもの。すべてを縁起の品、伝統の品で揃える必要はありませんが、要所、要所に正月ならではの肴を盛り込むことで、新年への喜びを表現するとともに、日本の伝統的な食文化として受け継いでいきたいものです。

伝統的な祝い肴とお節料理

数の子／卵がたくさんあることから子宝に恵まれ子孫繁栄

田作り／小魚を田畑に肥糧としてまかれたことから五穀豊穣の願い。

ごぼう／深く根を張ることから「根気がつく」「家が繁栄する」など。
たたきごぼうは〝開きごぼう〟ともいわれ開運の意味も。

黒豆／まめ（丈夫で健康）にすごせるようにという無病息災への願い。

海老／長いひげを生やし腰が曲がるまで丈夫にという長寿への願い

昆布巻き／「よろこぶ」の語呂合わせから縁起ものとして欠かせない。

栗きんとん／金色の塊のイメージから商売繁盛、金運をもたらす。

仕出し・持ち帰りの弁当

【器協力】　株式会社 勝藤屋／株式会社 織部

持ち帰りや仕出しに用いる、いわゆるワンウェイ容器と呼ばれる使いきりの弁当器に盛った弁当例を紹介します。今は材料、形、色柄なども多彩で、料理の付加価値をさらに高めることができます。

一器で多様な仕立てに

松花堂弁当

春の松花堂弁当の例ですが、幅広い年齢層の方に向くよう、淡白で上品な味わいにまとめています。弁当器の中に入っている紙製の器は好みのものを選べるタイプもあり、料理の色みによって取り合わせることができますから、いろんな印象に仕立てることができます。

[奥・左] すり身黄身揚げと美人粉揚げ／鴨ロース／海老塩茹で／ちしゃ／酢取りみょうが
[奥・右] 鰻巻き卵／蛸の柔らか煮／穴子たれ焼き／鰆柚香焼き／手綱こんにゃく／穴子鳴門巻き
[手前・左] かやくご飯
[手前・右] 鯛そぎ造り／太刀魚短冊造り／間八引き造り／大根／人参／大葉／花丸きゅうり

料理がより引き立つ盛りつけで

幕の内弁当

仕出しの弁当も、料理屋で頂く弁当さながらに、盛りつけの美しさがあるといっそう喜ばれます。弁当を運ぶ際に料理が動かないよう、前盛りなどは台となるものに立てかけ、また、造りではけん野菜をたっぷりめに使って盛り、立体感を保つようにします。

［奥・左］鰻巻き卵／蛸の柔らか煮／手綱こんにゃく／ミニオクラ
［奥・中］帆立替わり衣揚げ／だし巻き卵磯辺巻き／枝豆塩茹で
［奥・右］炊き合わせ（茄子、木の葉南瓜、すずこ、穴子鳴門巻き、里芋含め煮、絹さや）
［手前・左］真名鰹西京漬け／花蓮根甘酢漬け／みょうが／そら豆
［手前・中央］鯛そぎ造り／鱧落とし／鮪／大根／人参／大葉
［手前・右］鴨ロース／エンダイブ／黄パプリカ／トマト
［ご　飯］ちらしずし

枠の大きさを上手に使いわけて

祝いの仕出し弁当

年末年始の会食などに向けた贅沢感のある仕出しの例で、大きさや形の異なる六つの仕切りを生かして色彩豊かに盛りつけました。造り、煮物、焼き物など弁当の定番料理のほか、小ぶりの枠には酢の物や和え物なども組み入れることができ、コース仕立ての料理を一器に盛り込んだ形に。

[奥・左] 鮭有馬焼き／鰆祐庵焼き／穴子白煮／小鯛すずめ焼き／烏賊黄身衣焼き／穴子博多袱紗寄せ／だし巻き卵／アスパラガス甘酢漬け／花百合根蜜煮／ひさご山芋／黒豆松葉刺し　金箔／花人参と花大根の煮物／楽京赤ワイン煮／木の葉丸十／稲穂

[奥右] 車海老芝煮／飛龍頭含め煮／すだれ麩含め煮／貝柱黄身煮／結び昆布／金針菜／いんげん

[手前・左] 握りずし（雲丹、イクラ、甘海老、数の子）／生姜甘酢漬け

[手前・中] ひじき初霜和え／はりはり漬け／鮭の鳴門巻き／針魚手綱焼き／イクラ／花蓮根甘酢漬け／セルフィーユ

[手前・右] 横輪角造り／烏賊糸造り／針魚色紙造り

同じ容器を使用していますが、天ぷらや合鴨ロースなどで、若い方や男性の多い席に好適です。

店の個性を生かす弁当器を

祝いの仕出し弁当

料理もすしもきっちりめに盛り込んだ仕出し弁当です。ここでは天ぷら、刺身を一つの枠に収めましたが、左奥の枠には焼き物をはじめ、多種の酒肴を盛ることで充実感を持たせました。弁当器は枠の切り方にも様々なものがあり、店ごとの個性が生かせるように選ぶとよいでしょう。

[奥・左] だし巻き卵／常節の旨煮／子持ち鮎煮びたし／秋刀魚有馬焼き／鱧照り焼き／百合根茶巾絞り／手綱こんにゃくしぐれ煮／枝豆／ひじき初霜和え／ホワイトアスパラガス甘酢漬け／紅葉人参

[奥・右] 鯛そぎ造り／横輪引き造り／烏賊切り掛け造り／大葉、花穂じそ、より島人参

[手前・右] 海老黄身衣揚げ／椎茸の美人粉揚げ／島人参、長芋、菜の花天ぷら／松葉しめじ

[手前・左] かっぱ巻き／鉄火巻き／稲荷ずし／鯖磯辺巻き／箱ずし／生姜甘酢漬け

慣わしや個々の意向に添って

不祝儀の仕出し弁当

不祝儀の料理は本来は精進ものですが、都市部などではあまりこだわらない方も増えて入るようです。とはいえ、土地ごとの慣わしや個々の宗旨などもありますから、注文先の意向に添うことが第一です。ここで紹介の料理は最近では一般的な仕立ての一例で、お造りなども組み込みますが、赤い色の食材を使わないのがしきたりです。

[奥・左] 平目そぎ造り、大葉、いちょう人参、唐草きゅうり
[奥・右] 海老替わり衣揚げ（黒ごま、コーンフレーク、おかき）／海老黄身衣揚げ／島人参、蓮根、菜の花の天ぷら／裏白椎茸／万願寺唐辛子素揚げ
[手前・左] 黒豆ご飯
[手前・中] 鰆祐庵焼き／鮭有馬焼き／花蓮根甘酢漬け／甘鯛一夜干し／烏賊黄身衣焼き／ちしゃとう、蛸松葉刺し／穴子博多袱紗寄せ／貝柱バター焼き／枝豆塩茹で／だし巻き卵／しめじポン酢漬け金柑釜
[手前・右] 海老芋、蕪、ごぼう、こんにゃくの田舎煮／飛龍頭含め煮／南瓜含め煮／すだれ麩含め煮／絹さや／焼き白葱／鰤奉書巻き／栗甘露煮／ひじき初霜和え

【一列目】松笠烏賊の揚げ出し／スナップえんどう／さつま揚げ／三色パプリカ甘酢漬け／卵焼き／小芋のオランダ煮／ねじり梅人参／鶏肉の照り焼き

【二列目】鰻の蒲焼き／蓮根の鶏挽肉挟み揚げ／蟹の手まりずし／合鴨のロース／鮑の塩蒸し

【三列目】ミニトマトの蟹射込み／南瓜の含め煮／そら豆翡翠煮／ひさご麩含め煮／栗甘露煮／姫松笠くわい／焼き穴子の手まりずし

【四列目】穴子南蛮漬け／明日葉天ぷら／穴子の柔らか煮／こんにゃく炒り煮／鮭西京漬け焼き／鰻の雅巻き／間八南蛮漬け／帆立の塩焼き／生ハム奉書巻き／ご飯（そら豆、焼き鮭）

つまんでよし、食べてよし

折詰趣向弁当

小さく仕切られた枠内に、多種類の料理を少量ずつバラエティ豊かに詰め入れた折詰弁当です。料理ごとに仕切りがあるので盛りくずれしにくく、味や香りも移りにくいのが利点です。また一度に色々な料理が少しずつ楽しめるので酒の肴としても喜ばれます。食事として召し上がる場合には折詰に加えて、ごはんを添えて供するとボリュームがでます。

ひとまわり小さなサイズは、女性や年配の方にちょうどよいボリューム。

[一列目] ひと口ちらし（イクラ、錦糸卵、スナップえんどう）／生ハム奉書巻き／栗甘露煮／鮑の塩蒸し、いちょう丸十／帆立南蛮漬け、ねじり梅人参

[二列目] 蓮根の鶏挽き肉挟み揚げ／焼き長芋、赤ピーマンと玉ねぎのマリネ／豚角煮、新銀杏／甘酢蓮根、青ずいき含め煮、ミニトマト／鰯甘露煮／蟹の砧巻き、二色パプリカの甘酢漬け

[三列目] 穴子南蛮漬け／赤ピーマンと玉ねぎのマリネ／蕗の信田揚げ／鮭西京漬け焼き／ミニトマトの蟹射込み／合鴨ロース／卵焼き

お好みに合わせたボリュームで

わっぱ二段弁当

若い方にも満足していただけるよう、揚げ物や洋風の料理も組み込んだボリューム感のある弁当の例です。わっぱ弁当のように仕切りのない容器は、自由に詰め入れることができるので賑やかな印象に。隙間なくきっちりと詰め入れ、見た目の美しさや彩りを大切にしながら、串に刺したりするなど、食べやすさにも配慮します。女性向けには、やや小ぶりの丸わっぱを用いると、量的にも見た目にも可愛らしく喜ばれます。

［手前］ヤングコーン／二色パプリカ／いんげん／小芋含め煮／姫松笠くわい／南京含め煮／長芋の梅肉大葉巻きフライ／胡瓜のサーモン巻き／ぶどう・梨／紅葉人参／鶏肉といんげんの湯葉巻き／ロールキャベツ／ブロッコリー

［奥］蓮根甘酢漬け／いちょう丸十蜜煮／焼き長芋／みょうがの甘酢漬け／カリフラワー／豚肉のチーズ利休揚げ／豚肉の南京利休揚げ／ミニトマト／絹さや／梅形物相ご飯（しば漬け）

小ぶりで見た目にも可愛らしい丸いわっぱ弁当は女性におすすめ。

［手前］天ぷら／榎木ベーコン巻き／海老馬鈴薯衣揚げ／鱚と長芋の梅肉しそ玄米揚げ／帆立と南京のあられ揚げ／鰯の大葉揚げ／焼き長芋／だし巻き卵／絹さや／カリフラワー／姫竹含め煮／鱧の葱味噌鳴門巻き／二色すり身団子串

［奥］長芋含め煮／南京含め煮／小茄子の瑠璃煮／蕪砧巻き／ブロッコリー／紅葉人参／青ずいき含め煮／木の葉馬鈴薯／菊花蕪甘酢漬け／果物（干し杏子、キウイ、グレープフルーツ、オレンジ、ぶどう）／小芋含め煮／ひさご麩含め煮／鶏つくね／みょうが甘酢漬け／蓮根甘酢漬け／二色パプリカ甘酢漬け／丸形物相飯

茶そば 引き出し弁当

二段弁当とは一味違う、引き出し式の弁当箱に茶そばとちらしずし、きのこご飯を盛り込んだ華やかな弁当です。弁当箱に入っている容器はすべて耐水性で、茶そばには、そのまま別添えのそばつゆをかけて召し上がっていただきます。

［上段］柿卵／焼き秋刀魚／芋雲丹焼き／梅人参／そばだしのだし巻き卵／里芋の旨煮／蛸の柔らか煮／オクラ／海老天ぷら／目鯒天ぷら／烏賊の雲丹焼き／茶そば

［下段］稲荷そば、果物（メロン、パイナップル、さくらんぼ）／祭りずし／きのこご飯

代参籠弁当

黒塗りの代参籠（かご）を模した二段重ねの容器に詰めて豪華な雰囲気に。上段にはそば巻きとすしを、下段には酒の肴にも好適な多彩な品々を詰めました。柄の部分には箸がセットできて合理的です。

[上段・奥] そばずし／秋刀魚棒ずし／はじかみ生姜の甘酢漬け

[下段・手前] そばだしのだし巻き卵／茄子田舎煮／椎茸含め煮／真名鰹柚庵焼き／こんにゃく田舎煮／芋雲丹焼き／オクラ／里芋の旨煮／川海老つや煮／絹さや／柿卵／紅白百合根茶巾／烏賊の雲丹焼き／栗渋皮煮／蛸の柔らか煮／焼き秋刀魚／ミニトマト

彩り讃岐うどん弁当

讃岐うどんを弁当仕立てに。うどんには、それぞれ抹茶、なめこ、梅を練り込み、多彩な色と味とを楽しんで頂きます。定番の天ぷらに加え、煮物や卵焼きなども盛り込んで食べ飽きない配慮を。

[一列目] なめこうどん／里芋の旨煮、温玉味噌漬け、ミニトマト、紅白百合根茶巾／讃岐うどん

[二列目] 茄子田舎煮、ヤングコーン、椎茸と牛蒡旨煮／抹茶うどん／卵焼き、こんにゃく田舎煮、川海老旨煮、丸十蜜煮

[三列目] 讃岐うどん／海老・目鯒天ぷら／オクラ／梅麩／梅うどん

※つけづゆは持ち帰り用のたれびんに入れて別添えに。

【北海道】
北海帆立と鮭の彩り弁当

新鮮なホタテやイクラなど海の幸を存分に味わえる弁当。ご飯には焼き鮭のほぐし身を混ぜ、錦糸卵をちらして彩りよく仕上げました。

【岐阜】
五平餅弁当

岐阜や長野を中心とした中部地方の郷土料理「五平餅」をにぎり飯風に。竹篭の弁当箱に詰め、どこか懐かしい雰囲気を演出します。

【京都】
鱧と九条葱のちらしずし弁当

京都を代表する食べ物である鱧と九条葱をアピールした「ちらしずし」です。具を市松模様に盛りつけ、雅な雰囲気に仕立てました。

【綾部】
京綾部弁当

京都府北部に位置する綾部は、里山が広がる穏やかな土地柄。特産の丹波栗や上林鶏を使い、京都の秋をイメージして盛りこみました。

【長崎】
長崎角煮弁当

長崎名物の角煮を大胆にのせたボリュームのある弁当です。角煮の煮汁を加えて炊いた五目炊き込みご飯がよく合います。

【熊本】
肥後弁当

熊本で古くから親しまれている馬肉や郷土風の煮しめをはじめ、辛子蓮根や高菜漬けなど、熊本の名産品をバランスよく詰めてまとめました。

手軽でお洒落な女性好みの弁当箱

デパートのテイクアウトコーナーなどでも人気のスタイル。ほどよいボリューム感で、お洒落に食事を楽しみたい若い女性客にとても喜ばれます。　弁当にはフォークなどを添えても。

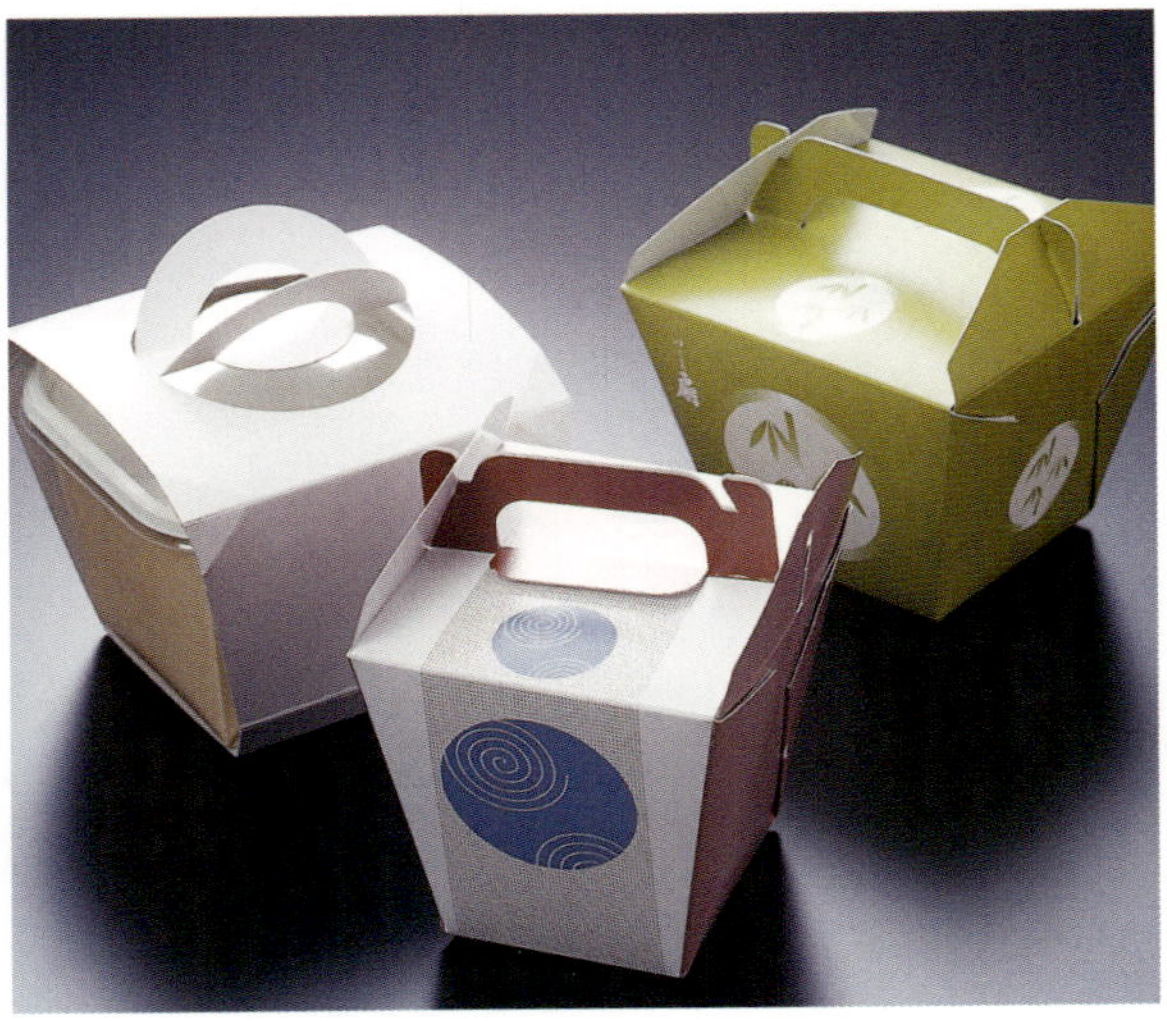

ちらしずし弁当

［上段］鰻巻き卵／穴子鳴門巻き／蓮根含め煮／人参含め煮／里芋含め煮／すり身美人粉揚げ／ミニオクラ／焼き長芋／常節の旨煮／茄子煮物
［下段］ちらしずし

握りずし弁当

［上段］握りずし（鮪、烏賊、鯛、鯵、海老）／酢取りみょうが／大葉
［下段］だし巻き卵／ごぼう含め煮／小芋含め煮／カマス祐庵焼き／蛸の柔らか煮／帆立すり身の替わり衣揚げ／海老塩茹で／枝豆塩茹で

モダンさが魅力の和のパッケージ

お弁当の盛りつけの形を生かせる機能的なパッケージ。包むと和の落ち着きある色調で、観劇や行楽のほか、ちょっとしたおつかいものにも喜ばれます。

酒肴盛り弁当

だし巻き卵／紅葉赤パプリカ／秋刀魚有馬焼き／木の葉丸十／鮭昆布巻き／しめじポン酢漬け／穴子白煮／花蓮根甘酢漬け／いんげん、金針菜、ちしゃとう、蛸松葉刺し／ごぼう含め煮／椎茸利休揚げ／くわい甘煮／ミニオクラ／鱧白焼き／穴子博多袱紗寄せ／車海老芝煮／百合根茶巾しぼり

握りずし弁当

鮭有馬焼き／飛龍頭含め煮、木の芽／だし／巻き卵／しめじポン酢漬け松葉刺し／穴子博多袱紗寄せ／栗渋皮煮／ホワイトアスパラ梅酢漬け／花蓮根甘酢漬け／鱧照り焼き／くわい甘煮／鮭昆布巻き／こんにゃく田舎煮／貝柱黄身煮／紅葉赤パプリカ／紅葉、木の葉丸十／かっぱ巻き、鉄火巻き、稲荷ずし、鮪磯辺巻き／甘酢漬け生姜

コンパクトで華やかな絞り型《タイプ》

蛇腹折の紙製容器はコンパクトかつモダンな雰囲気が魅力。開くと花が開いたように華やかな印象に。おなじみのご飯料理の格が上がります。

五目炊き込みご飯

五目炊き込みご飯
新銀杏
花蓮根
ねじり梅人参

豚角煮ご飯

豚角煮
小芋含め煮
ねじり梅人参
いんげん

鰻蒲焼きご飯

鰻の蒲焼き
錦糸卵
二色パプリカ
スナップえんどう
枝豆

合鴨ロースご飯

合鴨ロース煮
花蓮根
栗甘露煮
二色パプリカ
絹さや

鶏肉パリパリ揚げご飯

鶏肉パリパリ揚げ
二色パプリカ
錦糸卵
三つ葉軸

洋風カツサンド弁当

手でつまんでいただける手軽なランチボックス風の弁当です。サンドイッチの具にはトンカツとエビフライなどを挟んでボリューム感を出します。野菜も小房にしたブロッコリーなどを盛り込み、そのまま食べやすいようにしています。

紙製のドギーバッグ（持ち帰り容器）を活用したお子様向けテイクアウト弁当の例。上段にはエビフライ、ハムカツ、彩りの野菜、下段のご飯は、チキンライスなどにすると喜ばれます。

高級感のある牛肉を用いた牛カツのサンドイッチも人気です。シンプルに牛カツと刻みキャベツをサンドしてトーストサンドに。口直しには彩りのよいピクルスを添えます。

弁当づくりの調理便利帳

造り

献立と同様に弁当の料理であっても、お造りは重要な位置を占め、切りつけた造り身の美しさが弁当の魅力をより高めます。おいしく造るには、何よりも魚介の持ち味を生かす、それぞれの魚介に見合った切りつけ方で造ることが大切です。鮮度を考慮して、最後に作り、盛りつけるといった心遣いも忘れずに。

そぎ造り（タイ・ヒラメ）

身のかたい白身魚に向く切りつけ方で、サクに取った身の左側から包丁を斜めに寝かせて入れ、包丁の刃全体を使って手前に引き切りにします。切り終えたら造り身を左手で取り、左側に重ねます。薄造りは、包丁をより寝かせ、包丁が透けて見えるくらいの薄さに切りつけます。

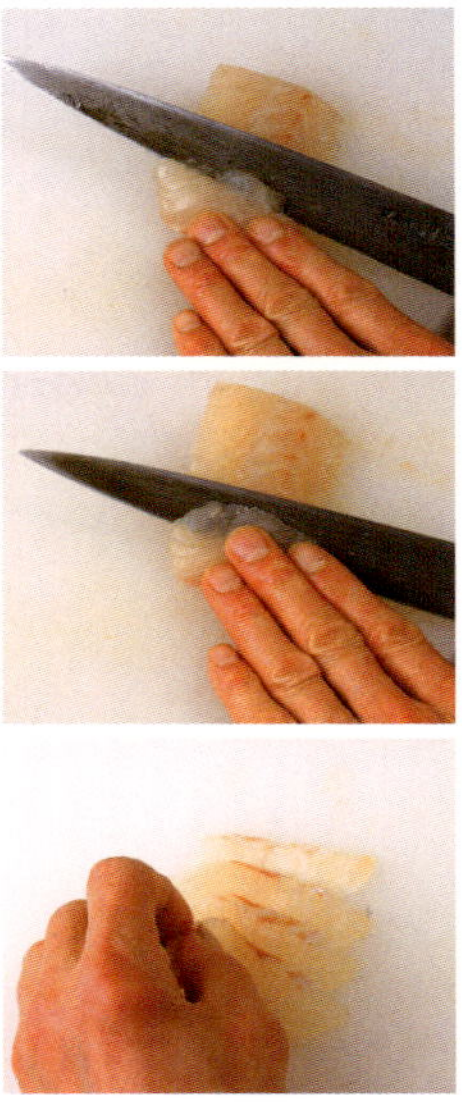

引き造り（カンパチ）

最も基本的な切りつけ方で、あらゆる魚種に向く手法。サクに取った身の右側から包丁を入れ、包丁の柄元から刃元へ刃全体を使って引いて切り、切り終えたらそのまま右側に包丁で送って重ねていきます。身のやわらかいマグロなどはやや厚く、白身魚はやや薄く造ります。

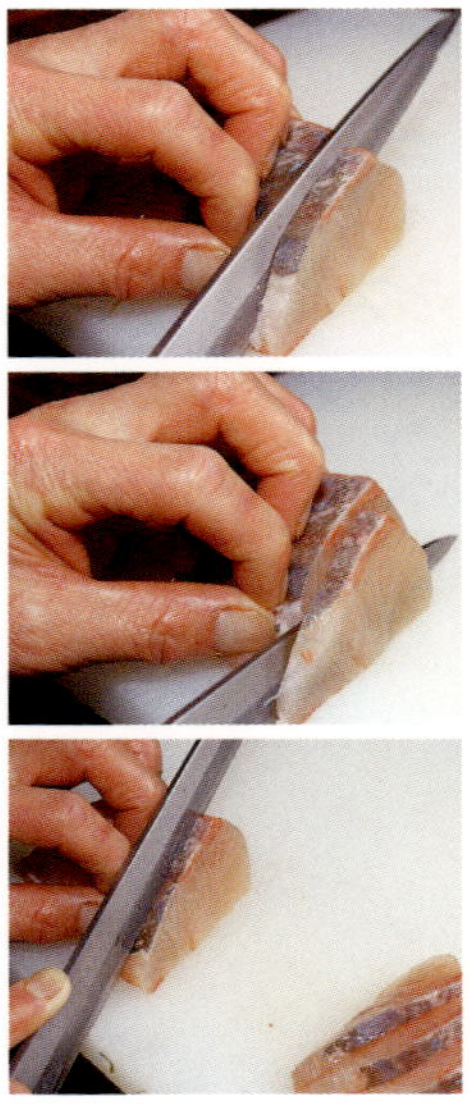

鹿の子造り（イカ）

飾り包丁のひとつで、斜め格子状に切り目を均等に入れてから切りつけます。烏賊や赤貝、アワビなど身の固い魚介も、切り目を入れることで食べやすくなります。また、脂の多いアジなど醤油づきをよくする効果もあります。

角造り（マグロ）

マグロやカツオなど身のやわらかい魚種に向く切りつけ方で、棒状に整えた身を引き造りの要領で引き切りにします。サクに取れない半端な身でも十分に造ることができ、これを湯霜造り、磯辺造りにと変化をつけることもできます。

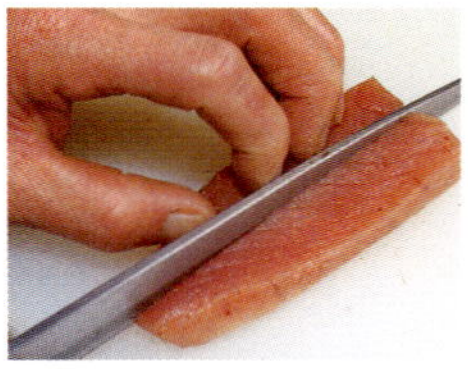

細造り（サヨリ）

身の小さい魚や身のかたい魚介を食べやすくする切りつけ方。サヨリやキスでは、おろし身に対して斜めに包丁を入れ、包丁の切っ先を使ってリズミカルに切っていきます。身の固いイカは、繊維に対して垂直に切り、噛み切りやすく。

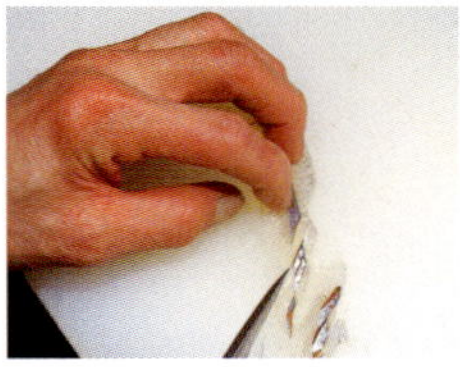

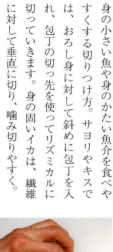

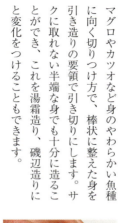

生替わりいろいろ

時間が経ってから食べて頂くこともある弁当の造りでは、昆布でしめたり、酢でしめたりといった持ちを考慮した仕立てを覚えておくと便利です。そうして下ごしらえした魚介を桂むきにした大根や龍皮昆布、海苔などで巻く巻き物は、見た目にも面白く、盛りつけも決まりやすいもの。ここではそのいくつかを紹介します。

鮭と菊花の砧巻き

サケは酢じめに、菊花は甘酢に漬けて。酢の味で口の中をさっぱりと、口直し的に食べて頂く仕立てです。

鮭の鳴門巻き

大根の桂むきは立て塩に漬けてしんなりと。酢じめにしたサケのそぎ身をまんべんなく並べ、くるくると巻いて鳴戸状に。

鯛と鮭の砧巻き

タイとサケは酢でしめたのち、市松に組んで砧巻きにします。鮮やかな色合いの黄身酢をかけると華やかな趣きに。

人参と大根の砧巻き

野菜を芯にした砧巻きは口直しに。大根の桂むきに赤かぶの千枚漬けを重ね、大根と金時人参を巻いて彩りよく作ります。

鯛の龍皮昆布巻き

龍皮昆布は酢洗いした布巾で拭いておき、薄いそぎ切りにしたタイを手前に並べて巻いたもの。昆布の旨みも味わって頂きます。

横輪と烏賊の磯辺巻き

細く棒状に整えたヨコワとイカを市松に組んで磯辺巻きに。小ぶりに作ることもでき、端身も無駄なく利用できます。

蟹と帆立の磯辺巻き

カニ脚とホタテ貝柱は、それぞれ酒塩で炒ってから海苔で巻きます。海苔に白板昆布を重ねるといっそう味わい豊かに。

蟹と菊花の磯辺巻き

カニ脚は酒塩で煎っておきます。海苔の上に薄焼き玉子をのせ、カニ脚と菊、甘酢に漬けた針生姜を芯にして風味よく。

砧巻きの作り方

砧巻きは、大根の桂むきで魚介を巻いていく料理のこと。桂むきの幅は15センチくらいが目安で、立て塩に漬けてしんなりとさせておきます。この上に魚介を並べますが、ひと巻き分を残して魚介を並べると巻きやすい。

1 大根の桂むきの上に、ひと巻き分を残して棒状に切った魚介をおく。

2 残した桂むきを魚介にかぶせるようにすると、きっちりと巻くことができる。

龍皮昆布巻きの作り方

龍皮昆布は、幅広の昆布を甘酢に漬けて調味し、干したもの。この昆布で魚介を巻くと、昆布の味と旨みが魚介に移り、美味。巻き込んだら昆布と魚介がなじむよう、ラップにくるんでしばらくおいておくことがポイント。

1 巻きすに龍皮昆布をのせ、そぎ切りにした白身魚を並べる。

2 巻きすごときっちりと巻き込み、形を整えてなじませる。

酢じめ、昆布じめの作り方

魚介を酢でしめたり、昆布でしめたりすると日持ちがよくなる上、生とは違った旨みが生まれます。ここでは、サケのそぎ身を例に、酢でしめたのち、昆布じめにする方法を紹介します。

1 サケのそぎ身の両面に尺塩をふり、20分ほどおく。

2 塩をしたサケを酢でざっと洗い、汁気をふき取る。

3 酢じめにしたサケを昆布で挟み、40分ほどおく。

サケの身に白身魚のすり身をぬって酢でしめた「鮭の小川造り」は正月のお節料理に用いられる。

造り醤油

昆布とカツオ節の旨みをのせた土佐醤油は、脂気の多い魚介にも淡白な魚介にも向く、重宝なつけ醤油です。梅干しの酸味をのせた梅醤油など、工夫次第でバリエーションも広がります。

土佐醤油

材料の調味料と昆布を合わせて火にかけ、沸いてきたら昆布を取り出し、火を止めて削りガツオを加え、冷ましてから漉す。

〈材料／割合〉
濃口醤油……………8
たまり醤油…………1
酒……………………2
みりん………………1
昆布…………………適量
削りガツオ…………適量

梅醤油

梅干しは種を除いてひと晩水にさらし、裏漉しにかけてから酒を加えて煮つめる。クリーム状になったら火からおろして冷まし、土佐醤油を加えてのばす。

〈材料／割合〉
梅干し………………適量
酒……………………適量
土佐醤油……………適量

椀物

弁当の料理のなかにあって唯一、温かいままにお出しできる椀物は、特に季節感が尊ばれる料理です。しんじょや魚介など主となる椀だねに、青みや山菜など添えの椀づま、吸い口と呼ばれる香りのものと、時季のものを使ってバランスよく配し、だしの風味を余すところなく活かした吸い地でひと椀をまとめていきます。

清まし仕立て

澄んだ上品な一番だしをベースに、味を調えた吸い地で仕立てる椀物です。基本の合わせ方は、だし3カップに対し、薄口醤油小さじ2、酒小さじ1、塩少量ですが、季節や椀だねによっては、酒や塩の量を加減するようにします。椀に張る吸い地の量も、同様に加減が必要です。

春

山菜しんじょのお椀

しんじょは白身魚のすり身に山芋と卵白、浮き粉を加えてふんわりと作り、蒸し上げます。ここでは山菜を具にし、食感に変化をつけます。

鯛しんじょのお椀

鯛にしんじょを挟んで椀だねにし、わらびに花びら百合根、あやめ人参を盛り合わせて華やかに。吸い地をたっぷりと張って仕上げます。

筍の鳴門しんじょのお椀

筍と蕗、うどと少し苦味のある春の味わいを取り合わせ、季節の風情を盛り込みます。鳴戸しんじょは蕗を芯にし、筍で巻いたものです。

三色そうめんと車海老のお椀

そうめんを椀だねにしたさっぱりとした椀物。つるつるとしたのど越しが暑い季節に向きます。車海老と長芋、おくらで食べ味に変化を。

焼き鮎のお椀

香ばしく焼いた旬の鮎を一尾丸ごと椀だねにした、野趣に富んだ椀物。味よく炊き上げた茄子とごぼうを椀づまに、青みを添えます。

鱧と松茸のお椀

盛りのハモと走りの松茸、出会いの味を楽しめる、この季節ならではの吸い物。相性のよいじゅんさいを添え、すだちですっきりと。

一番だしの引き方

椀物では、昆布とカツオ節の旨みと風味を存分に引き出した一番だしがおいしさの決め手となります。まず、材料をよく吟味し、温度や材料を引き上げるタイミングを大切にし、だしが濁らないよう昆布もカツオ節も決して煮立たせないようにします。分量は水1ℓに対して昆布20g、カツオ節30gが基本となります。

1 昆布はあらかじめ水につけておく。昆布の表面に泡がついてきたら、すばやく引き上げる。

2 火を止めてすぐにカツオ節を加える。カツオ節が沈んでくるまで静かに待つ。

3 途中、浮いてくるアクはていねいにすくい取る。

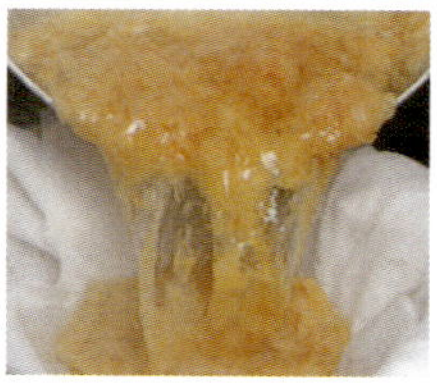

4 ネル地の布を通して静かに漉す。カツオ節を絞ると、えぐみが出てしまうので絞らない。

秋

海老しんじょのお椀

白身魚のすり身をふんわりと作ったしんじょに、海老を加えてうっすらと桜色に仕上げます。暖かみがあって寒い季節に向く椀物です。

湯葉しんじょのお椀

しんじょを湯葉で包み、蒸し上げて椀だねにします。車海老と青み、金針菜と、彩り豊かに盛り、針打ちした茗荷を散らします。

冬

帆立貝柱しんじょのお椀

冬に甘みが増すホタテを椀だねに。焼き霜にすると甘みが引き立ちます。旬の蓮根と苦味のあるうるいを添え、柚子の香を吸い口に。

蛤と筍のお椀

走りの筍に、蛤、菜の花と新春の彩りをひと椀にまとめました。おめでたい席にも向く仕立てです。蛤のだしも存分に味わえます。

味噌仕立て

味噌仕立ての椀物は、ご飯にもよく合い、温もりを感じさせるものです。家庭の味噌汁とは違えて、ごま豆腐や東寺巻きなど手を加えて作る精進ものを椀だねにすると格が高まります。味噌を2〜3種類合わせて用いる袱紗仕立てにすると、味わいが豊かに広がります。

袱紗《ふくさ》仕立て

赤味噌と白味噌を合わせた袱紗仕立てで味わい豊かに。百合根と銀杏を具にした湯葉茶巾に、南瓜とほうれん草で色みを加えます。

白味噌仕立て

甘みのある白味噌はコクがあり、冬場の椀物に最適。ごま豆腐を主に、香ばしく焼いたエリンギと三つ葉を添え、溶き辛子を吸い口に。

赤味噌仕立て

辛味がちな赤味噌はさっぱりとして夏場に向きます。人参と豆腐の東寺巻きにしめじ、水菜、粉山椒でピリっとした辛味を添えます。

煮物

弁当の煮物には、それぞれの持ち味を生かして炊いた魚介や野菜を合わせる炊き合わせが多くなります。それぞれの煮物の煮汁は、ていねいに引いた一番だしを調味して作る「八方だし」を味つけのベースに利用すると便利です。ただし、煮物の味には地域差や好みの味がありますから、材料や用途に合わせて、だしや調味料を加減してください。

煮物いろいろ

炊き合わせは別々に炊いた煮物を盛り合わせる料理。それぞれの煮物は材料に適した下ごしらえを施し、煮汁や煮方も最も適した手法を選び、さらにお互いの味わいを引き立てあう煮物を取り合わせるという手の込んだものです。取り合わせは、季節の食材も適宜取り入れ、味の濃淡や口当たりの変化、彩りや香りのバランスなども考慮して組み立てます。炊き合わせに用いる主な煮物を紹介します。

野菜の煮物

田舎煮は、炊き合わせと違って少し濃いめの味に仕上げます。煮汁の配合はだし1、みりん1、薄口醤油0.4、濃口醤油0.4。茄子やごぼうのほか、厚揚げやこんにゃくと野菜を合わせて煮ても美味。

基本の八方だし

濃口八方だし

濃口醤油の風味と香りを活かした八方だし。濃い色の方がおいしく見える野菜の田舎煮や魚の煮つけ、めんつゆ、炊き込みご飯など幅広く利用します。

〈材料／割合〉
だし……8～12
濃口醤油……1
みりん……0.8
酒……0.2

薄口八方だし

薄口醤油を使って作る八方だし。素材の色を活かして仕上げたい煮物や野菜のおひたし、銀あん、かけつゆなど、いろいろな料理に使えて便利。

〈材料／割合〉
だし……8～12
薄口醤油……1
みりん……0.8
酒……0.2

筍の土佐煮

筍は、米ぬかと赤唐辛子を加えて茹で、そのまま湯止めにしてアクやえぐみを取り除いてからたっぷりの煮汁で含め煮に。土佐煮は含め煮にした筍に粉節を仕上げたもの。ごぼうも同様に仕立てます。

茄子の翡翠《ひすい》煮

夏から秋にかけての炊き合わせには欠かせない煮物です。美しい翡翠色に仕上げるため、茄子は素揚げにしてから皮をむき、八方だしでさっと炊くにとどめ、冷ました八方だしに浸して味を含めます。

酒八方だし

酒を多めにあわせた八方だしで、特にさっぱりとした味に仕立てる魚介の煮物に使う。車海老の芝煮などはこの八方だしで炊き上げます。

〈材料／割合〉
だし……………4
酒………………4
みりん…………1
薄口醤油………少量
塩………………少量

白八方だし

だしに塩とみりん、酒で味をつけたもので、色をつけずに煮る野菜の白煮や下煮などに用います。小芋や蓮根、うどなど出始めの野菜は白煮に。

〈材料／割合〉
だし……………8
みりん…………0.8
酒………………0.2
塩………小さじ0.2

蛸の柔らか煮

炊き合わせや口取りの料理などに、柔らかく炊き上げたタコは使い勝手がよいもの。きっちりとぬめりを取るひと手をかけ、濃口醤油とたまり醤油を合わせた濃いめの煮汁でじっくり蒸し煮にします。

〈煮汁／割合〉

だし	8
酒	2
砂糖	1
濃口醤油	0.8
たまり醤油	0.2
みりん	0.2

1 タコの脚は1本ずつに切り離し、さっと湯に通す。

2 冷水または流水に取って汚れやぬめりを洗い流す。

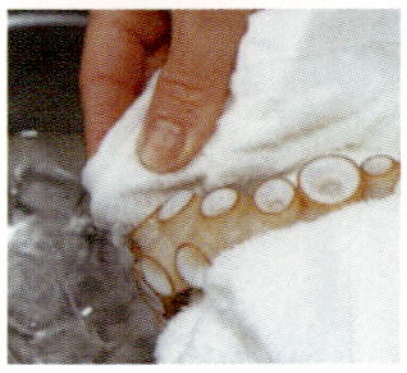

3 残っているぬめりをぬれ布巾で拭いて取る。

4 煮汁の材料を煮立たせ、タコの脚を加えて煮る。

5 落とし蓋をして弱火で約1時間ほど蒸し煮にする。

合鴨ロース

オードブル弁当や若い人向きの弁当には、合鴨ロースのような肉の料理が重宝します。煮汁には赤ワインとウスターソース、ケチャップを加えて風味よく煮上げます。

〈煮汁／割合〉

だし	8
赤ワイン	2
濃口醤油	0.3
ウスターソース	0.3
ケチャップ	0.4
砂糖	0.4

1 金串を数本まとめたもので合鴨の皮目をつつく。

2 フライパンで皮目から焼き、余分な油を落とす。

3 すぐに氷水で冷まし、加熱がすすむのを防ぐ。

4 煮汁のだしと調味料を加えて弱火で煮る。

5 中心に赤みが残る程度まで煮て、取り出す。

飛龍頭の作り方

豆腐の優しい滋味が味わえる飛龍頭は、外側はサクッと、内側はふんわりと作ることがポイント。豆腐の水気をきりすぎると、揚げたときにすかすかした感じになるので軽く水をきる程度にします。

〈煮汁／割合〉
豆腐（水きりしたもの）…200g
つくね芋…50g
卵白…1/2個分
薄口醤油…大さじ1
みりん…大さじ1
塩…小さじ1/2

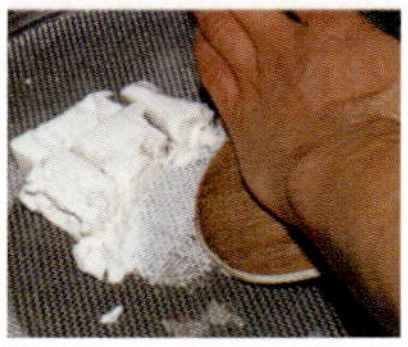

1 豆腐は重しをして軽く水きりし、裏漉しにかける。

2 豆腐とつくね芋、他の材料をあたり鉢であたる。

3 ディッシャーで丸く取り、油に落とす。

4 こんがりとキツネ色になるまで揚げ、油をきる。

車海老の芝煮

海老の赤い色は弁当の彩りに欠かせないもので、炊き合わせにもよく使われます。酒をたっぷりと使って生姜を加え、さっぱりとした煮汁でさっと煮て芝煮にします。

〈煮汁／割合〉
だし…4
酒…2
薄口醤油…0.6
濃口醤油…0.2
みりん…少量

〈作り方〉

車海老は背ワタを取って霜降りしたのち、煮汁の材料とスライスした生姜を合わせて煮立たせたなかに入れ、さっと煮て引き上げる。この煮汁を冷ましたところへ戻し入れ、漬け込んで味を含ませる。

鱈の子の含め煮

タラやタイの真子はやや甘めの煮汁でほっくりと炊き上げます。花を咲かせて炊く方法のほか、弁当用には姿のままさっと霜降りして子が崩れないように炊く方法があります。

〈煮汁／割合〉
だし…10
酒…2
砂糖…1
みりん…0.8
薄口醤油…0.8
塩…少量

〈作り方〉

タラの真子は水にさらして血抜きし、薄皮に包丁を入れて霜降りし、花を咲かせる。流水に取って水気を取り、煮汁の調味料を煮立たせたなかに入れ、針生姜を加えて弱めの中火で含め煮にする。

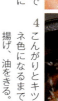

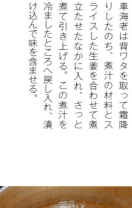

焼き物

シンプルな塩焼きから、漬け地に漬け込んで焼くもの、焼きだれをかけながら焼くかけ焼きなどさまざまな種類があります。焼き物をおいしく作るコツは、材料の鮮度や性質に合わせて焼きだれや焼き方を選び、火加減に注意して香ばしく焼き上げることです。

焼き魚の技法いろいろ

魚の焼き方には、料理の下ごしらえとして使われる素焼き、塩をふって焼く塩焼きなど、さまざまなものがあります。新鮮なものほど、あまり手をかけず、シンプルに塩焼きなどにして魚介の旨さを味わって頂くとよいでしょう。少し鮮度が落ちてきたら、漬け地に漬け込んだり、たれをかけたりと手を加えていきます。串の打ち方によっても、焼きムラができるなどおいしさを損ないますので、身の厚みや大きさに合わせた串の打ち方を覚えることも大切です。

祐庵焼き

醤油とみりん、酒を同割で合わせた漬け地に、魚を漬け込んでから焼く手法。輪切りにした柚子を加えて風味を高めたり、を加えて少し濃厚みのある味にしてもよい。

かけ焼き

焼きだれをかけながら焼く手法で、さっぱりとした若狭焼き、こってりとした照り焼きなどがある。焦げやすいので、魚をあらかじめ素焼きにしてから、たれをかけて焼き上げる。

味噌漬け

西京漬けのように、調味した味噌や酒粕に魚介や牛肉を漬け込んで風味を移して焼く焼き物。基本の味噌床は白みそ10に対してみりん1、酒1を合わせて練り合わせて作る。

ろう焼き

卵黄をぬって焼く手法で、鮮やかな色合いが特徴。魚介は塩をふったり、漬け地に漬けたりと下味をつけてから焼き、卵黄はみりんと塩でのばしてぬり、乾かす程度に焼く。

細魚の三つ網

身の小さい魚は、そのまま焼くだけでなく細工を施して見映えよく作ります。サヨリは細切りにして三つ網に編み、酒塩焼きにしています。

鯛のろう焼き

大きめのそぎ身をくるりと巻き、薄塩をふって焼いてから、みりんと塩で調味した卵黄をぬって焼き上げます。仕上げに木の芽をのせます。

小鯛のすずめ焼き

小鯛を一枚におろして巻いた形がおもしろいすずめ焼き。若狭地（だし9、酒3、みりん1、薄口醤油0.5）に漬けて焼き上げます。

焼き物のあしらい

あしらいには甘酢に漬けた野菜がよく合います。甘酢は酢1、だし1、砂糖0.4、みりん0.1、塩少量の割合で合わせてひと煮立ちさせます。

矢生姜の甘酢漬け

矢生姜に作った生姜に熱湯をかけたのち、塩をまぶしてしばらくおく。流水で洗ってから甘酢に漬け込む。

花蓮根の甘酢漬け

蓮根は花蓮根に作って薄切りにし、酢水に漬けたのち、さっと熱湯を通して冷まし、甘酢に漬ける。

ホワイトアスパラガスの甘酢漬け

さっと茹でたホワイトアスパラガスを冷まし、梅酢を加えた甘酢に漬けてピンク色に染める。

だし巻き卵

ふんわりと口当たりよく焼きあげただし巻き卵は、幅広い方に喜ばれる定番の品で、黄色の色みも弁当の料理ではアクセントとなります。巻き方や切り方、取り合わせる具により、いろいろと変化をつけられます。

基本のだし巻き卵

だし巻き卵はのポイントは最初から最後まで強火で焼いて、手早く巻いていくことです。そうすると、だしがある状態で巻くこととなり、ふんわりときれいな黄色に仕上がります。

〈材料／割合〉

卵	3個
だし	卵の 1/3 量
薄口醤油	少量
塩	少量
みりん	少量

1 卵に、だし汁と調味料を合わせたものを加える。

2 しっかりと溶きほぐす。

3 漉してなめらかに。カラザや混入した殻もここで取り除く。

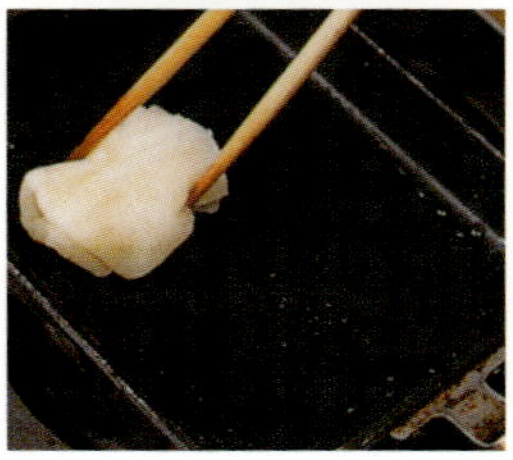

4 鍋を強火にかけてほどよく熱し、油を薄くひく。

5 卵液を流し入れる。150～200㏄が1回分の量の目安。

6 菜箸で手早くつついて底の卵液の火の通りを均一にする。

7 向こうから手前に向けてくるくると巻く。

8 鍋を傾け、素早く向こうに戻し、再び油をなじませる。

9 卵液を流し入れる。巻いた卵を持ち上げ、卵液を行き渡らせる。

10 6と同様に菜箸でつつき、手前に巻きあげる。6～10の手順を仕上げたい大きさにより繰り返す。

11 鍋の上に巻きすを広げ、鍋を返す。

12 巻きすで巻いて形を整える。

13 素早く焼かないと卵液が乾き、写真のようにすが入った状態となる。

袱紗《ふくさ》焼き

カニのほぐし身を加えて焼いたもの。風味のよさとほのかな赤身が食欲をそそる。

穴子巻き

穴子のたれ焼きを芯にして巻いたもの。基本のだし巻き卵の手順6で穴子を向こう側に置いて巻きこむ。

細巻き

焼き上がった出し巻き卵を海苔で巻いて形を整える。海苔の風味が加わるほか、色合いの楽しさも生まれる。

磯辺巻き

焼き上がった出し巻き卵を海苔で巻いて形を整える。海苔の風味が加わるほか、色合いの楽しさも生まれる。

鰻巻き

鰻の蒲焼きを芯にして巻いたもので、ご馳走感のあるだし巻きとなる。鰻のコクが加わって味わいも増す。

瓢《ひさご》形

瓢のように整えると、彩りだけでなく、形の面白みも出すことができる。

瓢形に整える場合、熱いうちに箸と輪ゴムなどを使い写真のように形作る。瓢形の成型器も市販されている。

揚げ物

材料に天ぷら衣や黄身衣、白扇衣など衣をくぐらせて揚げる揚げ物は、揚げたてのおいしさが喜ばれます。時間が立つと衣がべたっとしてしまい、おいしさが損なわれるので、時間をおく場合には、材料に小麦粉を薄くつけて卵白をくぐらせ、替わり衣をまぶして揚げるなど、用途に合わせて選ぶようにします。

天ぷら

天ぷらは、衣はカラリと内側はふんわりとした食感が魅力。そのため、衣は粘りが出ないようダマが残る程度にざっと混ぜ、高温でさっと揚げていきます。

山菜天ぷら盛り合わせ

うるい、こごみ、たらの芽、よもぎ、柿の葉など、春の息吹いっぱいの天ぷらを盛り合わせに。山菜の苦味が存分に味わえます。

天ぷら衣

〈材料／割合〉
薄力粉……………1カップ
冷水………………1カップ
卵黄………………2個分

〈作り方〉

冷水に卵黄を溶き混ぜ、ふるった小麦粉をさっくりと混ぜる。薄めの衣にする場合は水の量を増やして1.2カップに、かき揚げは少なめに調節。

天つゆ

〈材料／割合〉
だし…………………6～10
みりん………………1
醤油…………………1

〈作り方〉

だしとみりん、醤油を合わせて火にかけ、ひと煮立ちさせる。だしの割合は好みで加減。醤油は濃口と薄口を同割であわせてもよい。

素塩

天然の塩を鍋で空煎りすると、さらさらとしてつきがよくなる。これをベースにして抹茶やゆかりを加えると香りのよい塩となる。ふりかけて供するか、別添えにしてお出しする。

替わり衣揚げ

そうめんやごま、あられなどをまぶして揚げる替わり衣揚げは、衣に水分がない分、時間が立ってもべたっとせず、弁当には最適です。針海苔や大葉、新挽き粉、みじん粉、アーモンドなど、衣は工夫次第でバリエーションが広がります。

海老の替わり衣揚げ

うるい、こごみ、たらの芽、よもぎ、柿の葉など、春の息吹いっぱいの天ぷらを盛り合わせに。山菜の苦味が存分に味わえます。

〈材料／割合〉
小麦粉……………………………………適量
卵白……………………………………適量
替わり衣（三色そうめん、白ごま、ぶぶあられ、黒ごま）…………適量

〈作り方〉
車エビは尾ひと節を残して殻をむき、腹に切り目を数か所入れてのす。小麦粉をつけて卵白をくぐらせ、替わり衣をまぶして高温の油ですばやく揚げる。

蓮根とじゃが芋の素揚げ

蓮根やじゃが芋、海老芋、ごぼう、人参などを薄切りにして素揚げにすると、ちょっとしたおつまみになります。パリパリと仕上げるため、中温くらいの温度でじっくりと揚げ、水分を抜きます。

白魚とすり身の替わり衣揚げ

酒塩で洗ったシラウオにみじん粉とごまをまぶして衣揚げに。一尾ずつ揚げるので少し大きめのものを用意します。左側は、エビとイカのすり身に衣をつけて揚げたもの。どちらも弁当に向きます。

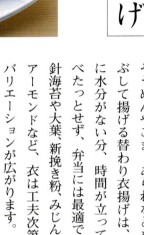

ご飯

弁当に盛り込むご飯は、型で抜いた物相ご飯や握りずしなど形の決まったものの方が、見た目にも美しく、盛り栄えがします。特に、物相ご飯は、美しい形の物相型が数多く揃い、季節に応じて使いわけることができ、白飯であっても楽しいものです。くずれにくいという利点も魅力です。

物相ご飯の抜き方

物相型には写真のようなプラスチック製のほか、木製、ステンレス製などがあります。いずれも水でぬらしてから使用し、ご飯を抜きやすくします。

1 ご飯を抜きやすくするため、物相型は湯につけ、ぬらしておく。

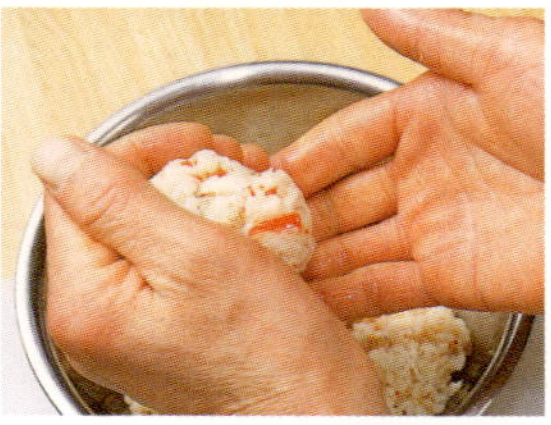

2 あらかじめ、型に詰める分量のご飯を手に取ってまとめる。

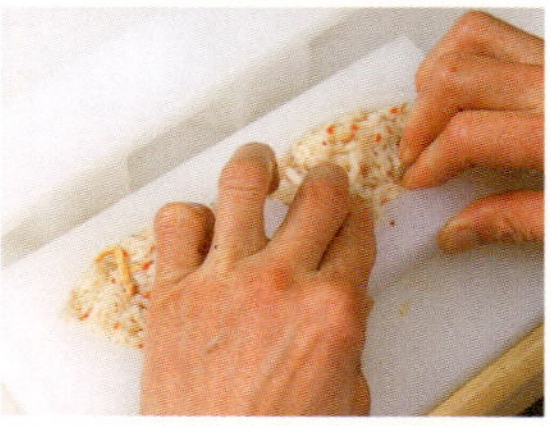

3 型のなかにご飯を入れ、指で押し込みながらすきまなく詰める。

4 一緒に押した方が収まりのよい、彩りのものはここで上にのせる。

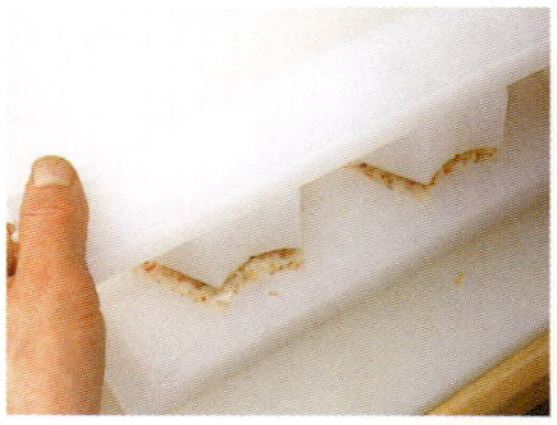

5 押し蓋をしたら力を均等にかけて押し、形をきっちり作る。

6 形をこわさないよう押し抜き、弁当箱に盛り込む。

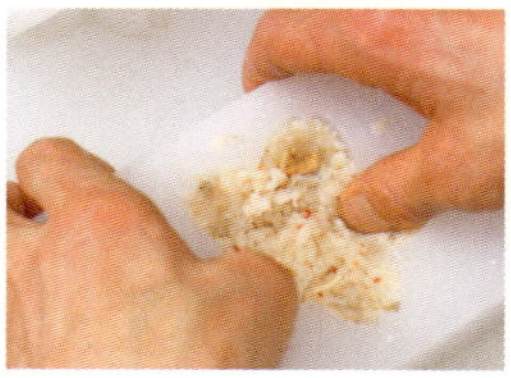

形をシャープに出すため、指できっちりとご飯を詰め込むこと。

桜形・桜の花とゆかり

桜の花の塩漬けとゆかりをご飯に加えました。花見弁当など桜の季節にに相ます。

丸形・グリーンピース

グリーンピースの青々しさが春らしいご飯。シンプルながら可愛らしい丸形で抜いて。

瓢形・カツオ醤油まぶし

形のおもしろいひょうたん形は季節を選ばないのも魅力。一年を通じて使えます。

楓《かえで》形・白ごま

青楓から紅葉した楓と、使える時期の長い物相ご飯です。香りに白ごまをのせます。

楓形・黒ごま

黒ごまをほんのちょっとのせただけの仕立て。不祝儀の弁当にも十分盛り込めます。

梅形・煎り卵

卵黄をぱらぱらと煎った煎り卵は鮮やかな色合いで、彩りを添えるには最適です。

ちらしずし（丸形）

弁当のご飯にちらしずしを使う場合、物相型で抜くと、ご馳走感が高まり、枠のない弁当器にも収まりがよくなります。ここでは筍のちらしずしを例に紹介します。

〈材料〉

すし飯（134頁参照）／姫筍／エビ（塩茹で）／蛸の柔らか煮（131頁参照）／ふき／人参／こんにゃく／煎り卵／木の芽

■作り方

姫筍はアク抜きをしたものを用意し、だし12、酒1、みりん・薄口醤油各0.5の割合の煮汁で炊いて薄切りに。ふきは板ずりをして茹でて野菜八方だしで炊き、刻む。こんにゃく・人参は細かく刻み、八方だしで炊いて汁気をきり、すし飯に混ぜる。他の具も彩りよく揃えて丸形で抜いて木の芽をあしらう。

創作おにぎり

弁当には物相ご飯がよく用いられますが、ここでは少し遊び心を加えて形や具、ごはんの種類に工夫しておにぎり風にしてみました。いつもと違った趣にしたいときに。

栗おこわ

秋の弁当にぴったり！栗を丸ごと炊き込んだ素朴なおにぎり。白米だけでもよいですが、もち米を配合するともっちりとした食感に。

すき焼き菜巻き

牛薄切り肉をすき焼きの割り下でさっと煮て、俵形のご飯に巻き、ちしゃの葉で包みます。肉汁がご飯にしみて美味。

シーチキンときゅうり巻き

具はシーチキンとせん切りきゅうりのマヨネーズ和え。かつらむきにした胡瓜で海苔帯を巻きます

焼きおにぎりいろいろ

焼きおにぎりも具を代えるとバリエーションが広がります。

［上段左から］刻みしそと若芽／人参甘酢漬け／焼きドライカレー／刻み壬生菜の漬け物／海老磯辺揚げ／烏賊の磯辺揚げ／梅干し

ドライカレー俵むすび

ドライカレーをオーソドックスな俵形にし、あぶって香ばしく仕上げます。ドライカレーの具は細かく刻んでおくときれいにできます。

オムライス俵むすび

魚肉ソーセージを芯にしてケチャップライスを俵形に。薄焼き卵で巻き、三つ葉の軸で結んで完成。手でつまめるオムライスです。

おぼろ昆布のおにぎり

梅干し、海老フライ、焼き鮭を具にして三角おにぎりにして、おぼろ昆布を巻きます。焼き海苔とは違った味わいが魅力です。

明太クリームチーズのライスサンド

ご飯をパンと同じ感覚で使ったライスサンド。薄くのばしたご飯で明太クリームチーズを挟み、海苔帯で　巻きます。

弁当の盛りつけ

弁当では、それぞれの味わいを大切にして食べやすく、持ち運ぶことを考えて料理が乱れないように盛りつけます。味移りを防ぐため、中子を器に組み込む、葉掻敷を仕切りにするなど工夫も必要です。

松花堂弁当箱に盛る

松花堂弁当箱は仕切りの枠内を器と捉えてればよく、盛りつけは意外に難しくありません。ただ、枠いっぱいに盛りつけると松花堂の持つ品格が損なわれるので、適度に余白を持って盛り、汁気の多い煮物と生のお造りは中子に、ご飯は左手前に盛って食べやすく調えます。

炊き合わせ（海老芋、すだれ麩、木の葉南瓜、蕪、しめじ、菜の花）／だし巻き卵小袖／鮭の有馬焼き／イカろう焼き／穴子八幡巻き／花蓮根甘酢漬け／山桃蜜煮／黒豆、島人参西京漬け松葉刺し／ミニおくら／酢取りみょうが／造り（鯛そぎ造り、刺身こんにゃく三種、花穂じそ、大葉、わさび、紫芽）／鯛焼き霜棒寿司／梅蕪

1 左奥の中子に煮物を盛る。台になる海老芋をおき、手前に順に盛る。

2 右奥に焼き物を盛る。余白を残し、彩りよく、立体的に盛っていく。

3 右手前に大葉を敷いて鯛そぎ造りを重ねて盛り、あしらいを添える。

4 左手前の敷板の上に棒寿司を盛り、香の物を添える。

5 煮物を盛った中子に、熱々の煮汁を張って仕上げる。

6 ご飯がくっつかないよう敷板は湯につけ、水を含ませておく。

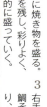

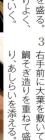

菓子箱替わり弁当箱に盛る

縁高弁当に似た作りの弁当箱で、仕切りがないので自由に盛れますが、その分、作り手のセンスが問われます。量感のある料理を台にして奥に置き、これを起点にして盛っていくと盛りつけが決まりやすくなります。縁の高い器では縁に沿って適当な余白を取ることが盛りつけを美しく見せるコツです。

だし巻き卵小袖／甘鯛西京焼き／イクラ醤油漬け金柑釜／海老の芝煮／湯葉茶巾（銀杏、かしわ、椎茸）／野菜炊き物（小手鞠の南瓜と人参、ひねりこんにゃく）／菜の花／タコ柔らか煮／甘鯛美人粉揚げ／貝柱利休揚げ／よもぎ麩たれ焼き／みょうが寿司／一寸豆塩茹で／くわい煎餅／梅形物相飯、梅ちぎりのせ

1 弁当箱の奥、中心よりやや左側に、台となるだし巻き卵を置く。

2 右隣に甘鯛、だし巻き卵の手前に南瓜と人参の小手鞠を盛る。

3 菜の花を盛り、ここに海老の芝煮の尾を上にして立てかける。

4 珍味や和え物などは柚子釜や小猪口に入れて盛り込むこと。

5 煮物を盛り込んだら口直しとなるみょうが寿司をアクセントに。

6 続いて揚げ物の料理を盛り込む。くわい煎餅二枚はずらして。

7 左手前に梅形に抜いた物相飯を置き、ちぎり梅をのせる。

8 仕上げに、彩りの南天の葉をバランスよくあしらう。

弁当の器いろいろ

器の形や色、風合いなども弁当の料理に楽しみを添えます。器を種類多く揃えることは大変ですから、季節ごとの料理や手持ちの料理が映える器を選び、盛りつけの工夫で魅力を高める弁当に仕立てます。

❖白木三段重

お節料理に使われることの多い規格の三段重で、写真は六寸のもの。大小の他、段数、亀甲形など、形の違うものも色々と選べる。

❖松花堂弁当

四枠の仕切りが特徴で、造り、煮物など幅広い料理を盛ることができる。組み込む器で季節感の演出も。余白を持たせた盛りつけに。

❖丸形二段弁当

蓋つきの二段の弁当箱には丸形の他、小判形や様々な形があり、上段に料理を下段にご飯を盛り分けするスタイルが一般的。

❖半月弁当

中仕切りの入れ方で料理の詰め方に変化をつけることが可能。きっちりと盛ることが多い。8頁で紹介のように浅めの半月もある。

❖曲げわっぱ

伝統工芸品としても人気の弁当箱で木目の清々しさが食をそそる。他にも竹や柳を編んだ行李(こうり)箱など懐かしみのある弁当箱の演出も喜ばれる。

❖青竹弁当

青竹を割って作った手製の弁当器の例。形の面白みが喜ばれ、みずみずしい緑色が夏場の弁当に爽やかさを与える。

「人気の弁当料理」作り方と解説

弁当の料理

配合便利帳

弁当を調えるには各種煮物や焼き物、揚げ物、あしらいも含めて多種類の料理を用意することとなる。ベースとなる煮汁、焼きだれ、あるいは衣などの配合をおよそ理解していると弁当作りがスムーズにすすむ。知っておくと便利な配合例をまとめて紹介する。

八方だし

だし	8
酒	2
砂糖	1
濃口醤油	0.8
たまり醤油	0.2
みりん	0.2

＊幅広い料理のベースとなる。素材や用途により、醤油は薄口醤油、濃口醤油、白醤油を使い分ける。弁当の料理では野菜の煮物や炊き込みご飯に欠かせない。

野菜八方だし

だし	18
みりん	1
薄口醤油	1

＊あしらいに用いる青菜やミニオクラ、いんげん、そら豆など青み類は、下茹でして色出ししてから野菜八方だしにひたし、味を含ませることが多い。

吸い地八方だし

だし	8カップ
薄口醤油	大さじ1
酒	40㎖
塩	少量

＊お椀ものの基本となる調味の配合例。季節や椀だねによって、酒や塩の量を加減する。

里芋の煮物

だし	8〜12
醤油	1
みりん	0.8
酒	0.2
塩	少量

＊薄口醤油で炊くことも多いが、白く煮あげるには白醤油を使う。また、濃口醤油で濃い目の味加減に炊いても。弁当用には里芋を揚げてぬめりを除いてから炊くともちがよい。

筍の八方煮

だし……12
酒……1
みりん……0.5
薄口醤油……0.5
塩……少量

＊筍は穂先に包丁目を入れ、米ぬかと赤唐辛子とともに茹で、そのまま湯止めしてアクを抜く。弁当用には濃いめの加減に炊き、土佐粉をまぶしても美味。

高野豆腐の含め煮

だし……5カップ
酒……1/2カップ
薄口醤油……30㎖
砂糖……35g
塩……小さじ1

＊高野豆腐はたっぷりの湯につけて戻し、濁りが出なくなるまで何度も押し洗いしたのち、少し甘めの煮汁で含め煮にする。

海老の芝煮

だし……4
酒……2
薄口醤油……0.6
濃口醤油……0.2
みりん……少量

＊エビの旨みを活かして炊く煮汁。エビは殻ごとをさっと炊いて取り出し、煮汁が冷めたところに再び戻し入れて、味を含ませる。

蛸の柔らか煮

だし……8
酒……2
砂糖……1
濃口醤油……0.8
たまり醤油……0.2
みりん……0.2

＊タコの足を霜降りにしたのち、この配合の煮汁でことことと45分～1時間かけて柔らかく炊く。この配合は活けのタコが前提。

常節の旨煮

だし……6
酒……2
醤油……1
みりん……0.8
砂糖……少量

＊トコブシは塩で磨いてから殻から取り出し、クチバシを切り取り、煮汁で含め煮に。殻に戻し入れる場合には、殻をよく洗って使用する。

鯛（鱈）の子の含め煮

だし……10
酒……2
砂糖……1
みりん……0.8
薄口醤油……0.8
塩……少量

＊春にはタイの子、秋から冬にかけてはタラの子を使うことが多い。いずれも霜降りにしたのち、針生姜とともに煮含める。

子持ち鮎の煮びたし

水……10カップ
酢……適量
番茶……5g
酒、みりん……各1/2カップ
濃口醤油……1/4カップ
たまり醤油……大さじ1
砂糖……大さじ4

＊酢と番茶を加えた水で柔らかく煮たのち、調味料を加えて煮詰める。実山椒を加えると有馬煮に。

穴子の白煮

だし……8
酒……2
みりん……1
砂糖……0.5
薄口醤油……0.3
塩……少量

＊穴子は開いてぬめりを取り除いたのち、上記の煮汁でさっと煮る。より白く煮上げたい場合には、薄口醤油の代わりに白醤油を使う。

南瓜の煮物

だし……8〜12
醤油……1
みりん……0.8
酒……0.2
塩……少量

＊南瓜の場合、醤油は薄口と濃口を同割にして炊くとほどよいバランスとなる。

干し椎茸の含め煮

だし……10
酒……1
みりん……1
濃口醤油……1

＊色がついたほうがおいしそうに見える干し椎茸には、濃口醤油を使った煮汁を用いる。干し椎茸はひと晩水につけて戻しておく。

野菜の田舎煮

だし……4
みりん……1
濃口醤油……0.4
薄口醤油……0.4
砂糖……0.2

＊味濃く煮上げる田舎煮は、少し砂糖を加えて甘めに調える。茄子やごぼうなど野菜のほか、厚揚げや身欠きニシンにも合う。

丸十の蜜煮

水……2
砂糖……1

＊丸十とはさつま芋の別称。弁当には下茹でして上記のシロップで蜜煮にするほか、小麦粉をつけて卵白をくぐらせ、芥子の実をまぶして揚げて盛り込む場合もある。

茄子の翡翠煮

だし……15
酒……1
みりん……0.8
薄口醤油……1
塩……少量

＊茄子の皮の下の色を活かして煮る。茄子は縦に切り目を入れたのち、素揚げにして冷水に取る。皮をむいて煮汁でさっと煮て、冷ました煮汁に浸す。

くわいの甘煮

だし……1カップ
砂糖……大さじ3
塩……小さじ1/3
濃口醤油……小さじ1/2
みりん……大さじ1

＊やや甘みのある煮汁で、百合根なども同様に煮る。下茹でしてアクを抜いてから、含め煮にする。

豆の蜜煮（茶福豆・黒豆）

水……2
砂糖……1

＊茶福豆は水につけて戻し、柔らかくなるまで茹でたのち、上記の割合で合わせた煮汁で蜜煮にする。
＊黒豆は水につけて戻し、柔らかくなるまで水煮したのち、砂糖を煮溶かしたシロップで蜜煮にする。ていねいに作るなら、このあと水と砂糖を同割で合わせたシロップでさらに炊くとよい。

こんにゃくの含め煮

だし……………… 4
みりん…………… 1
薄口醤油………… 0.4
濃口醤油………… 0.4

＊こんにゃくは薄く切り、中心に切り目を入れて片側を中に通して手綱に作る。下茹でしてアクを抜いたのち、少し濃いめの煮汁で含め煮にする。

合鴨ロース

だし……………… 8
赤ワイン………… 2
濃口醤油………… 0.3
ウスターソース… 0.3
ケチャップ……… 0.4
砂糖……………… 0.4

＊合鴨は皮目を焼いて脂を出したのち、風味のよい煮汁で煮る。ケチャップやウスターソースが入り、幅広い年齢層に向く味わい。

有馬焼き

酒………………… 4
みりん…………… 2
濃口醤油………… 3
たまり醤油……… 0.2
水あめ…………… 0.2

＊1割ほど煮つめたたれを、両面を焼いたサンマ、サケなどにからませながら焼き上げ、最後に粉山椒をふって仕上げる。

味噌床（西京地）

白味噌（粒）…… 10
みりん…………… 1
酒………………… 1

＊魚介や肉の漬け床で、味噌とみりん、酒を練り混ぜたところに材料を漬け込む。味噌は好みのものに変えることもできる。魚介はあらかじめ塩をして余分な水分をのぞいてから漬ける。肉の場合は、生姜のせん切りを加えるとよい。

祐庵地（柚庵地）

酒………………… 1
みりん…………… 1
濃口醤油………… 1

＊焼き魚の漬け地の代表的なもの。酒とみりん、濃口醤油を同割で合わせたところに柚子の輪切りを加え、香りよく作ってもよい。冷めても身が固くなりにくいので、弁当の料理に向く。

一夜干し用漬け地

水………………… 2
酒………………… 1
塩………………… 適量
昆布……………… 適量

＊水と酒に立て塩程度の加減で塩を加え、昆布で旨みも加えた漬け地。開いた魚を2時間ほど漬け込んだのち、風干しにする。魚の大きさや脂ののり具合で漬け込む時間は加減する。

栗の甘露煮

水………………… 2
砂糖……………… 1

＊栗は鬼皮と渋皮をむき、くちなしの実を加えた水で茹でて色をつけたのち、上記の割合で合わせた煮汁で蜜煮にする。渋皮をつけて煮る渋皮煮の場合は、濃口醤油を少量加えて煮る。

白玉味噌

白味噌…………… 200g
卵黄……………… 5個分
みりん…………… 50ml
酒………………… 50ml
砂糖……………… 75g

＊田楽味噌や和え衣などのベースにもなる基本の合わせ味噌。材料を合わせて弱火でていねいに練り、つやよく仕上げる。日持ちもするのでまとめて作っておくとよい。

穴子の八幡巻き

濃口醤油……………2
たまり醤油…………0.2
酒…………………2
砂糖………………0.5

＊たれの材料を火にかけ2割ほど煮詰める。ごぼうは米のとぎ汁で固めに茹でて水にさらし、八方だしで炊く。おろした穴子を皮表にして巻きつけ、金串を打ち、たれをかけながら焼く。

牛肉の八幡巻き

赤ワイン……………2
濃口醤油……………1
みりん………………1
生姜、玉ねぎ、人参をすりおろしたもの
……………各適量

＊火にかけて1割程度煮詰めて使う。アスパラガスや人参、ブロッコリーの茎、うどなど野菜、きのこを牛肉で巻いてたれ焼きに。フライパンで焼くと手軽。

鉄火味噌

赤味噌……………1kg
卵黄………………10個分
砂糖………………100g
みりん……………200ml
酒…………………200ml
カツオ節…………適量

＊赤味噌を使った合わせ味噌で、カツオ節を加えて練り上げる。カツオ節の旨みが味噌に移って美味。これも田楽味噌や和え衣に用いる。

だし巻き卵

卵……………………3
だし汁………………1
薄口醤油……………少量
塩……………………少量
みりん………………少量

＊だし巻き卵のほか、鰻巻き、穴子巻き、磯辺巻きなど、いろいろと応用ができる。カニやエビを混ぜて焼く袱紗巻きは少し甘めの加減に調味するとよい。

黄身焼き

卵黄………………2個分
みりん……………小さじ2
塩…………………小さじ1/3

＊色合いが鮮やかな黄身焼きは、素焼きした魚介に、卵黄をみりんでのばし、塩で味を調えた黄身衣をぬって焼き上げたもの。

しんじょ地

だし………………10
酒…………………1
みりん……………1
濃口醤油…………1

＊色がついたほうがおいしそうに見える干し椎茸には、濃口醤油を使った煮汁を用いる。干し椎茸はひと晩水につけて戻しておく。

すし酢

酢…………………1カップ
砂糖………………150g
塩…………………45g
爪昆布（5㎝角）……1枚

※材料を火にかけ、煮溶かしてから使う（米1升分）。主に関西寿司に合う配合。冬場は塩を40g程度に減らしてもよい。これを炊きたてのご飯に加えて切り混ぜる。

花わさびの醤油漬け

だし………………8
薄口醤油…………1
みりん……………0.5

＊花わさびまたは葉わさびは適当な大きさに切り、密閉容器に入れて熱湯を注ぎ、しばらくおく。一度煮立たせて冷ました漬け汁に、水気を切って漬け込む。

甘酢漬け

酢……1
だし……1
砂糖……0.4
みりん……0.1
塩……少量

＊上記の材料を合わせてひと煮立ちさせ、冷まして甘酢を作る。みょうがはさっと茹でてザルに上げ、塩を薄くふって冷まし、甘酢に漬けて色を出す。

白和え衣

豆腐（水きりしたもの）……100g
玉味噌（133頁参照）……10g
砂糖……大さじ2
塩……小さじ1/2
煮きりみりん……大さじ1
薄口醤油……小さじ1

＊豆腐はきっちり水きりして裏漉し、調味料を加えてあたり鉢でなめらかになるまであたる。練りごまを加えるとよりコクが増す。

イクラの醤油漬け

煮きり酒……4
煮きりみりん……1
濃口醤油……1

※イクラは38℃位のぬるま湯につけて1粒ずつにほぐし、薄皮を除いて塩水で洗う。この配合では早く食べきるようにする。長く漬け込む場合は、醤油の加減を薄くする。

花びら百合根

百合根……適量
梅酢……適量

＊百合根は掃除したものを用意し、一枚ずつむいてその中で小さめのものを使う。先をV字に切り込むと桜の花びらに、丸く切り込むと梅の花びらになる。梅酢または食紅で色づけして春のあしらいに。

「四季の趣向弁当」の作り方

春　半月弁当　8頁

◎小柱の姫酢和え、こごみ

【材　料】小柱　姫酢（黄身酢、梅肉）

【作り方】小柱は酒煎りし、黄身酢に梅肉を混ぜた姫酢で和え、小鉢に盛り、茹でたこごみをあしらう。

◎豚角煮奉書巻き

【材　料】豚三枚肉煮汁（割合／だし10、酒5、みりん1、薄口醤油1、砂糖0.3）大根

【作り方】

1 豚三枚肉は5㎝角くらいに切り、油で皮目を焼き、熱湯で油抜きする。

2 1を米ぬかを加えた熱湯で5〜6時間茹で、水洗いしたら再度30分茹でる。

3 煮汁の材料を合わせて豚肉を中火で、じっくりと煮る。

4 大根の桂むきは立て塩に漬けてしんなりさせ、3の豚肉を巻く。

◎蕪の含め煮

【作り方】かぶは厚めに皮をむいて、米のとぎ汁で下茹でした後、白八方だし（130頁参照）で煮含める。

◎筍八方煮

【作り方】筍はアク抜きしたものを用意し、八方だし（66頁参照）で煮て味を含ませる。

◎南瓜の含め煮

【作り方】かぼちゃは皮をむきとり、八方だし（130頁参照）で煮含める。

◎烏賊松笠煮

【材　料】イカ　煮汁（割合／だし4、酒2、薄口醤油1、みりん1、砂糖少々）

【作り方】イカはおろし身を用意し、鹿の子包丁を入れ、煮汁でさっと炊く。

◎蛸の柔らか煮

【作り方】タコの足は湯通しして流水に取り、ぬめりや汚れを除く。煮汁（131頁参照）の材料を煮立たせ、タコを入れ、落とし蓋をしてタコが柔らかくなるまで弱火で45分〜1時間ほど煮る。

◎二色しんじょ

【材　料】すり身　山芋　卵　白昆布　だし　塩酒

【作り方】すり身に山芋、卵白、昆布だし、調味料を加えて練り、半分に分ける。一つは卵黄を混ぜて黄色くし、もう一つは青寄せを混ぜる。団子に整えて蒸す。

◎銀ムツの揚げ物　甘酢漬け

【材　料】銀ムツ　甘酢だれ（割合／だし2、酢1、砂糖0.2、塩少々、薄口醤油少々）

【作り方】銀ムツは小麦粉をはたいて揚げ、甘酢だれに漬ける。

◎牛肉の巻き物

【材　料】牛薄切り肉　ホワイトアスパラガス　ヤングコーン　たれ（134頁「牛肉の八幡焼き」参照）

【作り方】牛薄切り肉で茹でたホワイトアスパラガスとヤングコーンを巻き、フライパンでたれ焼きにする。

◎鰻巻き卵

【材　料】卵地（割合／卵3、だし1、薄口醤油・みりん・塩各少量）ウナギ蒲焼き

【作り方】ウナギの蒲焼きは卵焼き器の幅に合わせて切る。卵地の材料を混ぜたら、ウナギの蒲焼きを芯にしてだし巻き卵（118頁参照）と同様に焼き上げる。

◎真名鰹の西京焼き

【材　料】マナガツオ　味噌床（割合／白味噌10、みりん1、酒1）

【作り方】マナガツオの切り身は、軽く塩をふって余分な水分をふきとる。味噌床に1、2日漬け込み、味がなじんだら取り出し、味噌をぬぐって色よく焼きあげる。

◎海老すり身のあられ揚げ

【材　料】エビ　すり身　塩　酒　小麦粉　卵白　あられ

【作り方】エビのすり身は、卵白、酒、とろろ芋、昆布だしで調整し、適当な大きさにまとめ、小麦粉、卵白の順につけ、あられをまぶして揚げる。

◎芋寿ずし

【作り方】蒸した山芋を裏漉しし、卵黄、砂糖、酢少々

を加えて弱火で練り上げる。これを円筒形に整える。

◎鰆祐庵焼き

【材　料】サワラ祐庵地（割合／濃口醤油1、みりん1、酒1）

【作り方】サワラは祐庵地に30分ほど漬け、汁気をふいてこんがりと焼く。最後に祐庵地を回しかけてさっとあぶる。

◎茶福豆芥子の実まぶし（132頁参照）

◎すり身の替わり衣揚げ

【材　料】すり身　酒　卵白　昆布だし　黄身衣（小麦粉　卵黄　水塩）

【作り方】すり身は、卵白、酒、とろろ芋、昆布だしで調整し、適当な大きさにまとめ、小麦粉をはたいたのち黄身衣をまぶして揚げる。

◎常節の旨煮

【材　料】トコブシ　煮汁（だし6、酒2、濃口醤油1、みりん0.8、砂糖少量）

【作り方】トコブシは塩でみがき、身を取り出してクチバシをはずす。鹿の子包丁を入れて、煮汁で炊く。殻をきれいに洗い、炊いたトコブシを戻し入れる。

◎蛍烏賊酢味噌がけ

【材　料】ホタルイカ　煮汁（割合／だし3、酒1、みりん1、濃口醤油1.5）　酢味噌

【作り方】煮汁の材料を鍋に入れて煮たたせ、ホタルイカを茹でたら取りだして冷ます。酢味噌を添える。

※酢味噌は、玉味噌（133頁参照）に酢と溶き辛子を加えて溶きのばしたもの。

◎細魚と海老の手綱ずし

【材　料】サヨリ　車エビ　薄焼き卵　ほうれん草　すし飯（134頁参照）

【作り方】サヨリのおろし身は立て塩につけてから酢で洗い、皮をひく。車海老はのし串を打って酒塩で茹で、殻をむく。巻きすにラップを敷き、サヨリ、エビ、茹でたほうれん草、薄焼き卵を斜めに並べ、すし飯を置いて巻き、棒状に整える。

◎稲荷ずし

【材　料】油揚げ　すし飯（134頁参照）　椎茸の煮物　人参の煮物　錦糸卵

【作り方】油揚げは油抜きして、だし、醤油、砂糖にてやや甘めの加減に炊く。椎茸と人参の煮物は細かく刻み、すし飯と混ぜて油揚げに詰める。錦糸卵や花人参、木の芽などをあしらう。

春　松花堂弁当　10頁

造り

◎太刀魚焼き霜造り、烏賊切り掛け造り、細魚短冊造り、近江こんにゃく

【作り方】タチウオはおろし身を用意し、皮目を焼いて焼き霜にして食べよく切る。イカは冊どりし、短冊に切る。サヨリは三枚におろして短冊に切る。大根の大原木を枕にして大葉を置き、サヨリ、タチウオ、イカを盛る。花びら人参をちらし、わさびを添える。

煮物

◎鯛の子、蕗、筍、若布、人参の炊き合わせ

【作り方】

1 鯛の子は血合いを除き、薄皮に包丁を入れ、熱湯で霜降りにし、冷水に取り、ざるにあげる。「鱈の子の含め煮」（115頁参照）と同様に炊き、味を含ませる。

2 筍はアク抜きしたものを用意する。蕗は塩で板ずりしてから色よく茹で、皮をむいて食べよく切る。人参は飾り切りし、米のとぎ汁で下茹でする。若布は湯がいておく。それぞれを八方だし（130頁参照）で炊く。

八寸

◎鰆祐庵焼き

【作り方】サワラの切り身を祐庵地（133頁参照）に30分程度漬けた後、汁気をきって串を打ち、両面を焼く。焼きあがりに漬け地を全体にかけて再びあぶる。

◎海老黄身衣揚げ

【作り方】エビは殻をむいて剣先を切り、腹側に包丁目を入れておく。エビに小麦粉を薄くはたいて黄身衣（卵黄2個分に対し、小麦粉1カップ、水1カップを混ぜたもの）をまぶし、色よく揚げる。

◎そら豆塩茹で

【作り方】そら豆は塩を加えた熱湯で茹でる。

◎丸十蜜煮（132頁参照）

◎だし巻き卵小袖

【材　料】卵地（割合／卵3、だし1、薄口醤油、みりん、塩各少量）

【作り方】卵地の材料をよく溶きほぐす。卵焼き鍋を熱して油を薄くひき、適量の卵地を流し入れて焼き、奥から手前に巻き込む。これを奥にすべらせて、さら

に油をひいて卵地を流し入れて同様に巻き込んでいく。これを3度ほど繰り返し、巻きすに取って小袖の形に整える。

◎白魚利久揚げ

【作り方】シラウオを立て塩につけたのち小麦粉をはたき、卵白にくぐらせ、白ごまをまぶして揚げる。

◎アスパラガスの梅酢漬け（117頁参照）

ご飯

◎こんにゃく稲荷ずし

【作り方】こんにゃくは薄めに切り、袋状になるよう切り目を入れ、だし、砂糖、醤油にてやや甘めの加減に炊き、すし飯（134頁参照）を詰める。

◎高菜ずし

【作り方】高菜の新漬けの葉を広げ、すし飯（134頁参照）を小ぶりに丸めて包み込む。

◎ごぼう土佐粉まぶし

【作り方】ごぼうを斜め切りにして水にさらした後、濃いめの八方だしでやや甘めに炊き、粉節をまぶす。

◆お椀

【材　料】若草豆腐　大根　人参　菜の花　柚子

【作り方】若草豆腐は、しんじょ地に青寄せを加えて蒸す。大根は桜花になるようむき、薄く切る。人参は花びらにむき、菜の花は色だしする。それぞれ吸い地八方で下味をつける。お椀に若草豆腐を入れ、大根、菜の花をのせたら、吸い地をはり、人参、針柚子をあしらう。

春　幕の内弁当　12頁

造り

◎細魚短冊造り、烏賊切り掛け造り、湯葉こんにゃく

【作り方】サヨリのおろし身は短冊に造る。サク取りしたイカは厚みの1/3ほどまで縦に切り込みを入れ、食べよい幅に切り分ける。湯葉こんにゃくを食べよく切る。大葉を敷いた器に盛り、花わさびの醤油漬け（87頁参照）、花びら人参、わさびを添える。

煮物

◎海老黄身煮と南瓜、小芋の炊き合わせ

【材　料】エビ　小麦粉　卵黄　黄身煮用煮汁〔割合／だし6、みりん1、薄口醤油0.8、塩少々、しぼり生姜少量〕南瓜　小芋　人参　わらび　絹さや　野菜八方だし（138頁参照）

【作り方】

1 エビはむき身を用意し、食べよく切る。黄身煮用の煮汁の材料を火にかけ、煮立つ直前位の火加減にしておく。エビに小麦粉をまぶして溶いた卵黄をたっぷりとつけ、煮汁に入れる。落とし蓋をして表面の卵。に火が通る程度にさっと煮る。

2 小芋は上下を切り落とし、六方に皮をむいて米のとぎ汁で下茹でして水にさらし、白八方だしで煮含める。

3 人参は、皮をむいて厚めの短冊に切り、米のとぎ汁で下茹でし、八方だしで炊く。

4 南瓜は木の葉に抜いて皮をまだらにむき、下茹でしたのち八方だしで炊く。

5 アク抜きしたわらびは熱湯で茹で、八方だしに浸す。絹さやは色よく塩茹でし、野菜八方だしにつける。

八寸

◎鮭の有馬焼き

【材　料】鮭　焼きだれ〔割合／酒4、みりん2、濃口醤油2、たまり醤油0.2、水あめ0.5〕粉山椒

【作り方】焼きだれの調味料を火にかけ、1割程度煮つめる。鮭の両面を素焼きしたのち、たれをからませながら焼き上げ、最後に粉山椒をふって仕上げる。

◎帆立貝柱黄身焼き

【作り方】ホタテの貝柱は表面に鹿の子包丁を入れ、酒、塩で下味をつけて軽く焼く。これに黄身衣（86頁参照）をぬってあぶる程度に焼く。表面が乾いたら、黄身衣を重ねぬりして色よく焼く。

◎丸十蜜煮芥子の実まぶし（132頁参照）

◎蓮根の甘酢漬け（117頁参照）

◎そら豆塩茹で

【作り方】そら豆はさやから出して、塩を加えた熱湯で色よく湯がく。

◎手綱こんにゃく

【作り方】こんにゃくは短冊に切り込みを入れ、くるりと返して手綱とし、湯がいたのちこんにゃくの煮汁（133頁参照）で炊く。

◎楽京赤ワイン漬け（164頁参照）

揚げ物

◎海老すり身の替わり衣揚げ

【材　料】エビすり身（すり身100gに対し、山芋20

g、卵白大さじ1、昆布だし約100㎖、酒少量）　小麦粉　卵白　みじん粉　あられ

【作り方】エビのすり身は（　）内で調味し、小麦粉、卵白の順につけ、それぞれみじん粉とあられをまぶして揚げ、軽くふり塩をする。

◎白魚の利久揚げ

【作り方】シラウオは立て塩で洗い、小麦粉、卵白の順につけ、白ごまをまぶして揚げ、軽くふり塩をする。

◎山菜天ぷら（こごみ、うどの葉）

【作り方】こごみ、うどの葉は天ぷら衣（120頁参照）をつけて揚げ、軽くふり塩をする。

強肴

◎飛龍頭の鼈甲あん

【作り方】飛龍頭（115頁参照）を濃口八方だし（130頁参照）で炊き、水溶きの葛を引いて鼈甲あん仕立てにする。茹でて野菜八方だしに浸した人参、うぐいす菜をあしらう。

ご飯

◎山菜握りずし

【材　料】ふき味噌　筍　菜の花　花わさびの醤油漬け（87頁参照）　わらび　辛子酢味噌　木の芽味噌　すし飯（77頁参照）　野菜八方だし（130頁参照）

【作り方】

1 蕗は板ずりしてから色よく茹で、野菜八方だしに二度漬けする。すし飯に蕗味噌、食べよく切った蕗の順でのせる。

2 筍は下処理をして厚めの短冊に切り、野菜八方だしにつける。すし飯に筍、木の芽味噌、木の芽をのせる。

3 花わさびの醤油漬けの汁気をきってすし飯にのせる。

4 菜の花は塩をふって色よく茹で、冷水にとって水気を絞り、野菜八方だしに二度漬けする。さらに辛子少量を加えた野菜八方だしにさっとつけて水気を絞り、すし飯にのせ、酢味噌をのせる。

5 わらびは下処理をして長さを揃え、野菜八方だしにつけておく。すし飯にわらびをのせ、辛子酢味噌を添える。

◆お椀／白魚の若竹椀

【作り方】白魚はさっと霜降りにする。下処理した筍、蕗、若布は吸い地八方で炊き、お椀に盛る。吸い地を張って花びら百合根をちらし、木の芽を添える。

春　箱盛り弁当

14頁

八寸

◎だし巻き卵

【材　料】卵地（割合／卵3、だし1、薄口醤油、塩、みりん各少量）

【作り方】卵にだし、調味料を加えて溶きほぐし、118頁を参照して焼き上げたら、食べよい大きさに切る。

◎真名鰹西京焼き

【材　料】マナガツオ　味噌床（割合／白味噌10、みりん1、酒1）

【作り方】マナガツオの切り身に軽く塩をふって余分な水気をふき取る。味噌床に1、2日漬け込み、味がなじんだら、取り出して味噌をぬぐい、焦がさないよう注意してこんがりと焼き上げる。

◎鴨ロース燻製

【材　料】合鴨（胸肉）　たれ（割合／酒3、みりん1、濃口醤油1）

【作り方】合鴨は束ねた金串で皮目全体を刺して、たれに1時間ほど漬ける。たれの汁気をふき取り、燻し焼きにする。

※燻す方法は、中華鍋などにクッキングシートかアルミホイルを敷いてスモーク材を敷き入れる。金網をセットし、鴨ロースをのせ、金網と同じ位の大きさのボールで蓋をして密閉状態にする。弱火でじっくりと燻す。中華鍋もボールも非常に高温になるので、充分注意すること。

◎太刀魚ろう焼き

【作り方】タチウオは、さっと素焼きしてから、身側に黄身焼きのたれ（134頁参照）を2、3度重ねぬりして色よく焼き上げる。

◎白魚の美人粉揚げ

【作り方】シラウオは立て塩で洗い、小麦粉を薄くはたき、卵白にくぐらせ、みじん粉をまぶして揚げる。

◎湯葉のつけ焼き

【作り方】湯葉は1枚を端からゆったりと巻いて棒状に整え、焼き目をつけてから3～4㎝幅に切り、酒、みりん、濃口醤油にてたれ焼きにする。

◎海老の塩茹で

【作り方】エビは背ワタを抜いて塩茹でし、殻をむいて両端を切り整える。

◎蛸の柔らか煮（131頁参照）

春

手提げ三段重

16頁

一の重（造り）

◎イカ、車海老湯ぶり、タコ湯ぶりの三種盛り

【作り方】イカはさく取りし細造りにする。車エビは背ワタを除き、頭と尾の一節を残して殻をむき、さっと霜降りにする。タコは塩でもんでぬめりをとり、食べよく切り、さっと熱湯に通して霜降りにする。はす芋、レモンを使って器に盛り、百合根と人参の花びら、わさびを添える。

二の重

◎だし巻き卵

【材料】卵地（割合／：卵3、だし1、薄口醤油、塩、みりん各少量）

【作り方】卵にだし、調味料を加えて溶き混ぜたら、72頁を参照して焼きあげ、巻きすに取って形を整え、食べよく切る。

◎太刀魚の酒盗焼き

【作り方】タチウオは切り身を用意し、皮めに切り込みを入れる。酒盗を煮きったみりん、酒で溶きのばす。タチウオの両面を焼いたら、仕上げに酒盗だれをかけてあぶる。※酒盗だれは香りづけ程度に用いる。

◎丸十蜜煮の芥子の実まぶし（132頁参照）

◎細魚わらび

【作り方】サヨリは三枚におろし、薄塩をして片身ずつを頭の方より巻き込む。串を打って焼きあげ、串を回し抜き、半分に切る。

◎菜の花

【作り方】塩をふって色よく茹でたらすぐに冷水に取って軽く水気を絞り、八方だしに二度漬けする。さらに辛子少量を加えた野菜八方だしにさっとつけて水気を絞る。

◎山桃蜜煮

【作り方】夏に赤い実を結ぶ山桃をシロップで蜜煮にする。

煮物

◎筍、ごぼう、人参、こんにゃくの煮物

【作り方】筍は下処理したものを用意し、食べよく切る。ごぼうは乱切りにして米のとぎ汁で茹でる。人参も皮をむいて乱切りにし、米のとぎ汁で茹でる。こんにゃくは小さめの乱切りにして下茹でする。これらの材料を田舎煮の煮汁（132頁参照）で炊き、茹でて野菜八方に浸した絹さやを散らし、わらびを添える。

◎厚揚げの煮物

【作り方】厚揚げは、熱湯で油抜きして、一口大に切る。八方だし（130頁参照）で煮て味を含ませて器に盛り、茹でた青みを添える。

◎鯛の子と肝の旨煮

【材料】鯛の子　鯛の肝　煮汁（割合／だし10、酒2、みりん0.8、薄口醤油0.8、砂糖1、塩少々）針生姜

【作り方】

1 タイの子は、血合いをとり、薄皮に包丁を入れて熱湯で霜降りにして花を咲かせ、冷水に取ってざるにあげる。

2 鍋に煮汁の材料を合わせて1のタイの子を入れ、針生姜を加えて弱めの中火で煮て味を含ませる。タイの肝も同様にして炊く。器に盛り、八方だしで煮た花人参を添え、木の芽をあしらう。

◎きゃら蕗（142頁参照）

ご飯

◎ちらしずし

【材料】筍　こんにゃく　人参　絹さや　エビ　油揚げ　錦糸卵　すし飯（134頁参照）　木の芽

【作り方】

1 筍は下処理して薄切りにし、八方だしにつける。

2 こんにゃくは、細かく切って熱湯で下茹でしておく。

3 人参は花びら形に抜いて米のとぎ汁で下茹でし、八方だしで煮る。

4 絹さやは両端を切り落として塩をまぶし、茹でて冷水にとり、八方だしにつける。

5 エビはさっと塩茹でして1cm幅くらいに切る。

6 油揚げは油抜きして細切りにする。

7 器にすし飯を入れて錦糸卵を広げ、下ごしらえした1から6の材料を彩りよくちらし、木の芽をあしらう。

◆椀物／

鯛しんじょと熨斗《のし》海老の清まし仕立て

【作り方】タイしんじょは（108頁参照）を参照して調え、蒸しあげる。エビは腹開きにし、片栗粉をうってのす。それぞれを吸い地八方で下味をつけてからお椀に盛り、吸い地をはり、あやめうどと青み、戻した水前寺のりを添える。

◎人参含め煮、梅大根白煮

【作り方】人参は細長の乱切りとし、大根は花の形に向く。それぞれを米のとぎ汁で下茹でしたのち、八方だしで炊く。

◎蛸の柔らか煮

【作り方】タコの足は、さっと湯通ししてから流水に取り、ぬめりや汚れを取り除く。煮汁の材料（131頁参照）を火にかけ、煮立ったらタコ足を入れ、落とし蓋をして弱火でタコがやわらかくなるまで45分～1時間位じっくりと煮る。

◎小芋含め煮

【作り方】小芋は天地を落とし、皮を六方にむき、米のとぎ汁で下茹でしたのち、八方だしで炊く。

◎そら豆塩茹で（137頁参照）

◎飛龍頭の鼈甲あん

【作り方】飛龍頭を濃口八方だしで炊き、水溶きの葛を引いて、鼈甲あん仕立てにする。

三の重

◎筍年輪ずし

【材料】筍　すし飯　木の芽味噌　木の芽

【作り方】

1 筍はアク抜きしたものを用意し、厚めの桂にむき、八方だしで炊いておく。

2 筍にすし飯（134頁参照）をのせて巻き込み、3cm幅くらいの筒切りにし、木の芽味噌をのせ、木の芽をあしらう。

◎桜香ずし

【作り方】すし飯をにぎり、桜の葉の塩漬けでくるむ。

◎焼き大羽鰯棒ずし

【作り方】大羽イワシは1枚に開いて酢じめにし、皮目を芳ばしく焼く。濡れ布巾の上にイワシの皮目を下にしておき、すし飯（134頁参照）を棒状にまとめたものをのせる。布巾で包んだのち、巻きすで巻いて形を整え、切り分ける。

※イワシの酢じめ／イワシに塩をして20～30分おく。水洗いして塩を落としたら酢に浸す。薄皮を引いて用いる。

◎花蓮根甘酢漬け（117頁参照）

◎ごぼう土佐粉まぶし

【作り方】ごぼうは斜め切りにして下茹でし、濃いめの濃口八方だしで煮て味を含ませ、粉節をまぶす。

◆お椀／蛤の潮仕立て

【材料】ハマグリ　ハマグリのだし　柚子　人参　青み

【作り方】

1 鍋に水洗いしたハマグリ、水、酒、昆布を入れて火にかけ、ハマグリの口が開いたらザルにあげて汁を漉す。

2 椀にハマグリと、吸い地で下味をつけた人参、青菜を入れ、塩で味を調えたハマグリのだしをはり、へぎ柚子を添える。

※ハマグリのだしのとり方／ハマグリ5個に対して、水500mℓ、昆布5cm角、酒50mℓを加えて火にかけ、ハマグリの口が開きかけてきたら昆布、ハマグリを取り出す。アクを丁寧に取り除き、火をとめて漉す。

春　篭盛り点心

18頁

◎鰻巻き卵

【作り方】鰻の蒲焼きは、卵焼き器の幅に合わせて縦4等分位に切る。だし巻き卵（118頁）を参照し、鰻の蒲焼きを芯にして焼き上げたら、巻きすに取って形を整え、食べよい幅に切り分ける。

◎カマス両褄焼き

【作り方】カマスはおろし身を用意し、祐庵地（133頁参照）に30分ほど漬けて味をなじませたら、汁気をふき取り、金串に両褄となるよう刺し、こんがりと焼く。最後に祐庵地を全体にまわしかけてさっとあぶる。

◎真名鰹西京焼き

【材料】マナガツオ　味噌床（割合／白味噌10、みりん1、酒1）

【作り方】マナガツオの切り身に軽く塩をふって余分な水気をふき取る。味噌床に1、2日漬け込み、味がなじんだら、取り出して味噌をぬぐい、焦がさないよう注意してこんがりと焼き上げる。

◎帆立貝柱つけ焼き

【作り方】ホタテは表面に鹿の子に包丁を入れ、酒醤油で香ばしくたれ焼きにする。

◎烏賊ろう焼き

【作り方】イカは表面に鹿の子に包丁を入れ、身がそらないように縫い串を打つ。イカをさっと素焼きし、卵黄に塩を加え混ぜたものを刷毛でまんべんなくぬり、乾かす程度に焼く。これを2、3度繰り返してつややかに仕上げ、食べよい大きさに切り分ける。

◎天ぷら（そら豆、こごみ）

【材　料】そら豆　こごみ　小麦粉　天ぷら衣（小麦粉、卵黄、水）

【作り方】そら豆はさっと塩茹でする。こごみは生のまま半割りにする。それぞれに小麦粉をふり、天ぷら衣（120頁参照）をつけて揚げる。

◎稚鮎のぼり焼き

【作り方】鮎は水洗いして、水気をよくふき取り、青竹串で一本串を打つ。両面に薄く塩をふって、遠火の強火で焼き上げる。

◎そら豆塩茹で

【作り方】さやから取り出し、色よく塩茹でし、薄皮より出して添える。

◎牛肉の八幡巻き

【作り方】ごぼうはたわしでこすって表面の汚れを落とし、鍋の大きさに合わせて切り整え、米のとぎ汁で下茹でしてから水にさらす。冷めたら八方だし（130頁参照）で煮て、そのまま冷まして味を含ませる。ごぼうの端はつけたまま、縦に5つ、6つに切る。牛肉でごぼうを巻き、巻き終わりをとめ、フライパンでたれ（134頁参照）焼きにする。

◎葉わさび醤油漬け

【作り方】葉わさびは密閉容器に入れ、熱湯をかけてアク抜きし、だし8、薄口醤油1、みりん0.5の割合で合わせた漬け汁に漬けこむ。

◎巻き湯葉含め煮

【作り方】生湯葉は端からゆったり巻いて棒状に整え、金串を打って焦げ目がつく程度に焼き、3、4㎝幅に切り分けて、薄口八方だし（130頁参照）で煮る。

※巻き湯葉は、酒1、みりん1、濃口醤油0.8、砂糖少量の割合で炊き、当座煮とすることもできる。

◎人参含め煮

【作り方】人参は大原木に切り、米のとぎ汁で下茹でしてから八方だし（130頁参照）で煮含める。

◎筍の木の芽和え

【材　料】筍　木の芽味噌（木の芽20枚分、玉味噌50g、青寄せ小さじ1/2）

【作り方】筍はアク抜きしたものを用意し、吸い地八方だしで煮て味を含ませる。木の芽味噌を作る。すり鉢で刻んだ木の芽を入れてすり合わせ、玉味噌（133頁参照）、青寄せを加え混ぜる。筍を一口大に切って、木の芽味噌適量で和える。

※青寄せの作り方／すり鉢にほうれん草や大根の葉などの青菜と塩を入れ、よくすり合わせたら、水を加えて裏漉しし、青汁を取る。これを沸騰した湯に入れ、浮いてきた緑色のものをすくい取り、布巾に取って絞る。密閉すれば冷凍保存も可能。

◎桜香ずし

【作り方】すし飯（134頁参照）を小判形に握り、桜の葉の塩漬けでくるむ。

◎きゃら蕗

【作り方】蕗は細めのものを用意し、皮をむいて寸切り（3㎝位）にして乾かす。これを熱湯で茹でて戻し、酒2、醤油1、みりん少々の割合で炊く。日持ちさせたい場合は醤油の配合を増やす。

◎山桃蜜煮（140頁参照）

春　青竹弁当　19頁

◎鰻巻き卵

【材　料】卵地（割合／卵3、だし1、薄口醤油・みりん・塩各少量）　ウナギ蒲焼き

【作り方】ウナギの蒲焼きは、卵焼き器の幅に合わせて縦4等分くらいに切る。だし巻き卵（118頁参照）と同じ要領で、ウナギ蒲焼きを芯にして焼き、食べよく切る。

◎銀ムツ西京焼き

【材　料】銀ムツ　味噌床（割合／白味噌10、みりん1、酒1）

【作り方】銀ムツは軽く塩をふってしばらくおいて水気をふく。味噌床に銀ムツを漬けて味をなじませたら、味噌床から出して余分な味噌をふきとり、こんがりと両面を焼き上げる。

◎常節の旨煮

【材　料】トコブシ　煮汁（割合／だし8、酒2、薄口醤油2、みりん0.8、砂糖少量）

【作り方】トコブシは塩みがきし、殻から身を取り出して、クチバシを切り取り煮汁で含め煮にする。きれいに洗った殻に戻し入れる。

◎海老芝煮

【材　料】車エビ　煮汁（割合／だし4、煮きり酒2、薄口醤油0.6、濃口醤油0.2、みりん0.8　生姜）

【作り方】車エビは背ワタを除き、霜降りにし、煮汁で

さっと煮て取り出す。煮汁を冷まし、車エビを戻し入れて味を含ませる。

◎鯛の子含め煮

【材　料】タイの子　煮汁（割合／だし10、酒2、みりん0.8、薄口醤油0.8、砂糖1、塩少々）　針生姜

【作り方】タイの子は血合いを除き、薄皮に包丁を入れて熱湯で霜降りにして花を咲かせ、冷水に取り、ざるにあげる。煮汁の材料を煮立たせ、タイの子、針生姜を入れ、弱めの中火で煮る。

◎小芋の煮物

【作り方】上下を切り落とし、六方に皮をむいて米のとぎ汁で下茹でして水にさらし、白八方だしで煮含める。

◎蕗の煮物

【作り方】鍋の大きさに合わせて切り、塩をふって板ずりしたら、熱湯で色よく茹でて冷水にとって冷まし、皮をむいて野菜八方だしに二度漬けする。

◎人参の煮物

【作り方】花形にむき、米のとぎ汁で下茹でしてから、野菜八方だしで煮る。

◎茄子の煮物

【作り方】茄子は表面に格子状の切り目を入れ、八方だしで炊く。

◎蓮根の煮物

【作り方】蓮根は皮をむいて花蓮根にして、米のとぎ汁で下茹でしてから薄口八方だしで煮含める。炊き物

◎ごぼうの煮物

【作り方】たわしなどでこすって表面の汚れを落として筒切りにし、固めに茹でて水にさらしてから八方だしでさっと煮、そのまま冷まして味を含ませる。

◎蛸の柔らか煮（131頁参照）

◎帆立貝柱替わり衣揚げ

【材　料】ホタテ貝柱　小麦粉　卵白　みじん粉　黄身衣

【作り方】

1 ホタテ貝柱は小麦粉をはたき、卵白にくぐらせてみじん粉をまぶすか、黄身衣をまぶして、揚げる。

2 それぞれ軽くふり塩をする。

※黄身衣は卵黄2個分に対し、小麦粉1カップ、水1カップを混ぜたもの。

◎烏賊黄身焼き

【材　料】イカ　黄身焼き衣（割合／卵黄2個分、みりん小さじ2、塩小さじ1/3）

【作り方】イカは表面に鹿の子包丁を入れて、軽く塩と酒をふり、さっと下焼きする。切り込みを入れた面に黄身衣をぬり、軽くあぶる程度に焼く。これを2、3回繰り返して黄金色に焼きあげる。

◎三色巻きずし

【作り方】

1「パン巻きずし」を作る。パンはサンドイッチ用を用意して圧す。沢庵は細切りにして塩抜きし、甘酢（135頁参照）に漬ける。ソーセージは茹でて細く切る。青菜は茹でる。巻きすにすし飯（134頁参照）を広げ、沢庵、ソーセージ、青菜をのせて巻き込む。これをパンで巻き込み、フライパンで転がして巻き終わりを止め、食べよく切る。

2「おぼろ巻き」と「利久巻き」を作る。アジやサバなどの酢じめの魚を用意して細長く切る。好みでせん切りの大葉や細かく切った漬け物とともに巻き込み、おぼろ昆布と白ごまをまぶしつけ、食べよく切る。

◎そら豆

【作り方】さやから出し、色よく塩茹でし、薄皮をむく。

◎楽京赤ワイン漬け（164頁参照）

夏　白木長方形二段弁当

20頁

上段

◎鱧の子と小芋養老和え

【材　料】ハモの子　小芋　とろろ芋　枝豆

【作り方】ハモの子と小芋はそれぞれ下ごしらえし、八方だしで炊いておく。小芋は軽くつぶしておく。とろろ芋を塩と醤油で調味し、ハモの子と小芋を和える。茹でた枝豆をあしらう。

◎だし巻き卵

【材　料】卵地（割合／卵3、だし1、薄口醤油、塩、みりん各少量）

【作り方】卵にだし、調味料を加えて溶きほぐし、卵地を作る。卵焼き鍋を熱して油を薄くひき、少量の卵地を流し入れて焼き、焼けてきたら奥から手前に巻き込む。これを奥にすべらせて、さらに卵地を流し入れて同様に巻き込んでいく。これを何度か繰り返し、巻きすに取って形を整える。

◎穴子のグリーンアスパラガス巻き

【材 料】アナゴ　グリーンアスパラガス　たれ（割合／濃口醤油1、たまり醤油0.2、酒1、砂糖0.5を火にかけ、2割程度煮詰めたもの）

【作り方】グリーンアスパラガスは塩ゆでし縦半分に切り、野菜八方だしにひたす。これを適当な太さになるよう束ねる。アナゴは開いて皮のぬめりを除き、端をつけたまま松葉のように裂き、皮表にしてグリーンアスパラガスに巻きつけていく。両端を竹皮などで結んで、金串を打って焼く。焼き色がついたら、たれをまわしかけながら焼きあげる。

◎手綱こんにゃく、オクラ、パプリカ、木の葉人参、焼きヤングコーン、そら豆

【作り方】

1 オクラは塩みがきし、熱湯で色よく茹でて野菜八方だしにつける。
2 パプリカは短冊に切り、さっと湯がいてから野菜八方だしにつける。
3 木の葉人参は下茹でしてから野菜八方だしにひたす。
4 焼きヤングコーンは焼き目をつけたのち八方だしにひたす。
5 そら豆は色よく茹でる。

◎車海老芝煮

【材 料】車エビ　煮汁（割合／だし4、煮きり酒2、薄口醤油0.6、濃口醤油0.2、みりん0.8）

【作り方】車エビは、背ワタを取って殻をむき、熱湯に通して霜降りにし、煮汁でさっと煮て取り出す。煮汁を冷まし、取り出した車エビを戻し入れて味を含ませる。

◎帆立貝柱黄身焼き

【材 料】ホタテ貝柱　黄身衣（割合／卵黄2個分、みりん小さじ2、塩小さじ1/3）

【作り方】ホタテ貝柱の片面に鹿の子包丁を入れて軽く酒と塩をふり、軽く下焼きする。黄身衣を適量をぬり、弱火で表面を乾かす程度に焼く。表面が乾いたら何度か黄身衣をぬりながら焼きあげ、黄金色に仕上げる。

◎小芋含め煮

【作り方】小芋は皮をむいて下茹でし、煮汁（130頁参照）で含め煮にする。

◎蛸の柔らか煮

【材 料】タコ煮汁（割合／だし8、酒2、砂糖1、濃口醤油0.8、たまり醤油0.2、みりん0.2）

【作り方】タコの足は、さっと湯通ししてから流水に取り、ぬめりや汚れをていねいに取り除く。鍋に煮汁の材料を合わせて火にかけ、煮立ったらタコ足を入れ、落とし蓋をして弱火でタコがやわらかくなるまでじっくりと煮る。

◎椎茸含め煮

【材 料】干し椎茸　煮汁（割合／だし10、煮きり酒1、煮きりみりん1、濃口醤油1）

【作り方】干し椎茸は、一晩水につけて戻し、煮汁でじっくりと含め煮にする。

下段

◎すし五種

（蛇籠の蓮根、鰻蒲焼き、鱧焼き霜梅肉添え、姫寿司、甘唐辛子射込み）

【作り方】

1 「蛇籠の蓮根ずし」を作る。蓮根を蛇籠にむいて甘酢につけ、4、5㎝幅に切って、食べよく握ったすし飯にくるむようにのせ、辛子酢味噌をのせる。
2 「鰻蒲焼きのすし」を作る。ウナギの蒲焼きを4、5㎝幅に切り、食べよく握ったすし飯にのせて、茹でた三つ葉の軸で相生結びにする。
3 「鱧焼き霜梅肉添えずし」を作る。ハモのおろし身を皮一枚残す要領で骨切りし、3㎝幅くらいで切り離す。バーナーで身の表面に焼き目をつける。食べよく握ったすし飯にハモを置き、梅肉をのせる。
4 「姫ずし」を作る。すし飯に桜エビを混ぜ込んでにぎる。
5 「甘唐辛子射込みすし」を作る。甘唐辛子は色よく茹でて開き、種を除く。すし飯をのせ、味噌漬けの人参、胡瓜などを芯にして巻き、食べよく切る。

◎漬け物

（白菜漬け巻き、生姜甘酢漬け、きのこ時雨煮）

【作り方】

1 白菜漬けで塩出しした沢庵、人参の漬け物を巻いて食べよく切る。
2 生姜は熱湯をまわしかけてから塩をまぶし、冷めたら塩を洗い流して甘酢（割合／酢1、だし1、砂糖0.4、みりん0.1、塩少量）につける。
3 「きのこ時雨煮」は、好みのきのこを焼いてから、薄切りの生姜、実山椒とともに酒、みりん、濃口醤油を同割にした煮汁で炊く。

夏 白木六角形二段弁当 22頁

上段

◎造り
（鱧落とし、鯛そぎ造り、車海老湯ぶり、烏賊、みょうが、ミニオクラ）

【材　料】ハモ、タイ、車エビ、イカ、みょうが、ミニオクラ

【作り方】

1 ハモのおろし身は、皮一枚残す感覚で骨切りし、3cm幅くらいに切り離す。沸騰した湯に塩少々を加えて骨切りしたハモの皮目だけをさっと湯にくぐらせ、身がはぜて白っぽくなったら引き上げて、酒を加えた冷水にとって冷まし、冷めたら取り出して水気をふき、梅肉を添える。

2 タイの上身は、そぎ造りにする。

3 車エビは背ワタを除き、頭と尾の一節を残して殻をむき、背開きにしてさっと霜降りにする。

4 サク取りしたイカを細造りにする。

◎南瓜の煮物（150頁参照）

◎ごぼうハンバーグ
【作り方】合い挽き肉を用意し、半量は味噌、醤油、砂糖で調味し、叩いたごぼうを加えてそぼろ状にする。残りの合い挽き肉と混ぜ、平たい円形に整え、両面を焼く。

◎鮎味噌射込み焼き
【作り方】鮎は背側を開き、蓼味噌をぬって元の形になるよう戻し、こんがりと焼きあげる。

◎花びら生姜の甘酢漬け
【材　料】生姜　塩　甘酢〔割合／酢1、だし1、砂糖0.4、みりん0.1、塩少量〕

【作り方】生姜は花びらの形に作り、熱湯をまわしかけてから塩をたっぷりとまぶし、冷めたら塩を洗い流して甘酢につける。

◎冬瓜海老巻き
【作り方】冬瓜は皮をむいて薄くスライスし、白八方だしで炊く。エビはのし串を打ち、芝煮（115頁参照）の調味料で炊いて殻をむき、冬瓜の幅に合わせて切る。冬瓜でエビを巻く。

◎だし巻き卵
【材　料】卵地〔割合／卵3、だし1、薄口醤油、みりん・塩各少量〕

【作り方】卵にだし、調味料を加えてよく溶きほぐす。卵焼き鍋を熱して油を薄くひき、少量の卵地を流し入れて焼き、焼けてきたら奥から手前に巻き込む。これを奥にすべらせて、さらに油をひいて卵地を流し入れて同様に巻き込んでいく。これを何度か繰り返し、巻きすに取って形を整える。

◎花蓮根の甘酢漬け（117頁参照）

◎梶木のつけ焼き
【作り方】醤油、酒、みりんを同割にしたたれにカジキを30分ほど漬け込み、汁気をふいて両面を焼き、仕上げにたれをまわしかけて再びあぶる。

◎貝柱マヨネーズ梅酢和えトマト詰め
【作り方】貝柱は酒煎りし、粗めにほぐす。マヨネーズと梅酢を混ぜたもので和え、トマトの果肉を繰り抜いたところに詰め、黄身おぼろとグリーンピースをあしらう。

◎穴子鳴門巻き
【作り方】アナゴは皮のぬめりを包丁の刃でしごいてとり、横半分に切る。皮側に刷毛で片栗粉をつけて身を外側にして巻き、細くさいた竹皮などで結んでとめる。鍋に煮汁〔割合／だし8、酒2、みりん1、砂糖0.5、薄口醤油0.3、塩少量〕と、巻いたアナゴを入れて落とし蓋をして煮て、適当な幅に切り分ける。

◎太刀魚黄身焼きと海老の松葉
【作り方】タチウオ（上身）は、皮目を内側にして両褄に串を打って素焼きし、黄身焼き衣（134頁参照）を2、3度ぬり重ねながら色よく焼き上げる。エビは背ワタを除いて塩茹でし、殻をむく。松葉にタチウオとエビを刺す。

下段

◎牛肉たたきとろろ芋
【作り方】牛肉は塩、胡椒し、両面をさっと焼き、一口大に切る。器に叩いた長芋を甘酢で調味したものをしき、牛肉をのせ、白髪ねぎをあしらう。

◎湯葉きんぴら
【作り方】干し湯葉を軽く戻し、酒、醤油、みりんにて炒り煮にする。酒と醤油は同割とし、みりんは好みの加減で加える。

◎焼き鱧と焼き鮎の棒ずし
【作り方】

1 ハモのおろし身は、骨切りをして串を打って素焼きする。身に焦げ目がついてきたら、2割程度煮つめたタレ〔割合／濃口醤油1、たまり醤油0.2、酒1、

砂糖0.5〕をかけて焼く。濡れ布巾の上にハモの皮を下にして置き、すし飯（134頁参照）を棒状に整えておき、包み込む。これを巻きすで巻いて形を整え、食べよく切る。

2 アユの一夜干しを作る。アユは1枚に開いて、酒塩（水2、酒1、塩約5％）に昆布を加えたところに2時間ほど漬け込み、両面を焼く。1のハモずしと同様にして巻き、形を整え、食べよく切る。

◆ひじきそばの冷やし鉢　吸い酢がけ

【作り方】ひじきそばは茹でて、冷水にて洗う。蓴菜はさっと茹でて冷水に取る。温度卵は、卵を68℃の湯で20分間茹でる。器にひじきそば、蓴菜、温度卵、叩きオクラ、茹でたエビの順で盛る。冷やした吸い地八方（130頁参照）に酢を少量加えたものをはり、柚子をあしらう。

夏　白木松花堂弁当

24頁

炊き合わせ

◎蓮根飛龍頭、茄子の翡翠煮、車海老、グリーンアスパラガス

【作り方】

1 飛龍頭は115頁を参照して作るが、ここでは蓮根のすりおろしを水気を切っ加え、中具にも蓮根のあられ切りを使う。揚げた飛龍頭を八方だしにて炊く。

2 茄子は皮を縞目にむき、油で揚げて油抜きする。これを八方だしで炊く。

3 車エビは背ワタを取って殻をむき、背側から開く。これを芝煮の煮汁でさっと煮て炊く。

4 グリーンアスパラガスは塩茹でし、野菜八方だしにひたす。

5 1〜4を器に盛り、温めた八方だしをかける。

八寸

◎だし巻き卵小袖

【材　料】卵地〔割合／卵3、だし1、薄口醤油、みりん、塩各少々〕

【作り方】卵にだし、調味料を加えて溶きほぐし、卵地を作る。卵焼き鍋を熱して油を薄くひき、少量の卵地を流し入れて焼き、焼けてきたら奥から手前に巻き込む。これを奥にすべらせて、さらに油をひいて卵地を流し入れて同様に巻き込んでいく。3度ほど繰り返したら、巻きすに取って形を整える。

◎鮎一夜干し

【材　料】アユ　酒　塩　昆布

【作り方】アユは頭をつけたままで1枚に開き、酒塩に昆布を加えたところに2時間ほど漬けてから風干しにする。芳ばしく焼いて、食べよく切る。

◎焼き長芋

【作り方】長芋は皮つきのままあぶり、ほどよく焼き色がついたら、半月に切る。

◎蛸水晶

【作り方】タコの柔らか煮（131頁参照）を一口大に切り、葛餅状のもので包む。

◎太刀魚のにんにくの茎巻き

【材　料】タチウオ　にんにくの茎　たれ〔割合／濃口醤油1たまり醤油0.2酒1砂糖0.5を2割程度煮詰めたもの〕

【作り方】にんにくの茎は歯応えを残して茹でる。タチウオを皮表にして巻きつけ、たれ焼きにする。

ご飯

◎烏賊黄身焼き

【材　料】イカ　黄身焼き衣〔割合／卵黄2個分、みりん小さじ2、塩小さじ1/3〕

【作り方】イカは表面に鹿の子包丁を入れて軽く塩酒をふり、さっと下焼きする。切り込みを入れた面に黄身衣をぬり、軽くあぶる程度に焼く。これを2、3回繰り返して焼き、食べよい大きさに切る。

◎花びら生姜の甘酢漬け

【材　料】生姜　塩　甘酢〔割合／酢1、だし1、砂糖0.4、みりん0.1、塩少量〕

【作り方】生姜は花びらの形に作り、熱湯をまわしかけてから塩をたっぷりとまぶし、冷めたら塩を洗い流して甘酢に漬ける。

◎酢取りみょうが

【材　料】みょうが　塩　甘酢〔割合／酢1、だし1、砂糖0.4、みりん0.1、塩少量〕

【作り方】みょうがは塩を加えた熱湯でさっと茹でてざるにあげ、冷ましてから甘酢に漬ける。

口替わり

◎夏野菜のゼリー寄せ

【材　料】蛸の柔らか煮（131頁参照）南瓜　冬瓜　人参　小芋の煮物

【作り方】蛸の柔らか煮、南瓜、冬瓜、人参、小芋は1.5㎝角くらいに切り、セルクル型に入れる。戻したゼリーと寒天を煮溶かしたものを薄めの薄口八方だしで調味し、冷ましたらセルクルに流し入れ、冷やし固める。器に盛り、ごまだれソースを流す。

◎さつま芋ご飯

【作り方】さつま芋は皮ごと蒸すか茹で、小さめに切る。ご飯は1割量のもち米、酒、塩各少々を加えて炊く。

炊き上がったら、さつま芋を混ぜる。

◎若布の茎佃煮

【作り方】茎ワカメを鍋に入れ、煮汁〔割合／酒3、濃口醤油1、みりん0.5〕をひたひたより少なめに入れ、炒り煮にする。

◆お椀

【材料】白木耳入りしんじょ　フカヒレ（戻したもの）　冬瓜　蓮根　吸い地八方だし　柚子　オクラ

【作り方】白身魚のすり身は、山芋、卵白、酒、昆布のだし汁を加えてすり混ぜ、戻した白木クラゲを混ぜて蒸す。フカヒレはねぎと生姜を加えた鶏スープで炊く。冬瓜と蓮根、人参は吸い地八方だし（130頁参照）で炊いておく。椀にしんじょ、冬瓜、蓮根を重ねて入れ、フカヒレを盛ったら、温めた吸い地をはり、柚子とオクラをあしらう。

※しんじょ地の作り方は108頁参照。

秋　松花堂弁当

26頁

造り

◎焼き霜造り三種盛り（烏賊、帆立貝柱、太刀魚）

糸瓜／すだち

【作り方】

1 イカは松笠に切り目を入れ、表面をさと焼いて焼き霜にする。

2 ホタテの片面を焼いて焼き霜にして半分に切る。

3 タチウオのおろし身は皮目を焼いて焼き霜にし、食べよく切る。

4 糸瓜をけんにして大葉をおき、イカ、ホタテ、タチウオを盛り、すだち、花穂じそを添える。

煮物

◎茄子の翡翠煮、木の葉南瓜、海老芋含め煮、蕪白煮、小芋白煮

【作り方】

1 茄子は、皮に包丁で数カ所切り込みを入れて素揚げして、素早く冷水につけて冷まし皮をむく。八方だしにて炊き、食べよく切り分ける。

2 南瓜は木の葉に抜いて、まだらに皮をむいたら、下茹でし、八方だしで炊く。

3 海老芋は皮をむき、下茹でしたのち八方だしで炊く。

4 かぶは厚めに皮をむいて下茹でし、白八方だしにて炊く。

5 里芋は上下を切り落とし、六方に皮をむいて米のとぎ汁で下茹でし、白八方だしで煮含める。

◎常節の旨煮

【材料】トコブシ　煮汁〔割合／だし6、酒2、濃口醤油1、みりん0.8、砂糖少量〕

【作り方】トコブシは塩みがきして殻からはずし、くちばしを取り除く。材料の煮汁で炊きあげる。

◎こんにゃくしぐれ煮

【作り方】こんにゃくは短冊に切り、中央に切り目を入れて返し、やや濃いめの八方だしで炊く。

◎錦糸巻き

【材料】卵地〔割合／卵3、だし1、薄口醤油・みりん、塩各少量〕

【作り方】卵にだしと調味料を加えて溶きほぐし、油をひいた鍋で薄焼き卵を焼く。これを数枚重ねて巻き込み、食べよく切る。

◎蟹粒梅ゼリー和え

【作り方】カニの身をほぐして二杯酢で和え、梅ゼリーをあしらう。

八寸

◎鮎味噌漬け焼き

【作り方】アユは水洗いし、味噌床に漬け込む。余分な味噌をふきとって串を打って焼く。

◎銀ムツろう焼き

【作り方】銀ムツは切り身を用意し、まず素焼きにする。卵黄2個に対し、塩小さじ1/3を混ぜたものを用意し、盛りつけた時、表になる面にぬってあぶる。これを3回ほど繰り返して色つやよく仕上げる。

◎蛸の柔らか煮

【材料】タコの足　煮汁〔割合／だし8、酒2、砂糖1、濃口醤油、0.8たまり醤油、0.2みりん0.2〕

【作り方】タコの足はさっと湯通ししてから流水に取り、ぬめりや汚れをていねいに取り除く。鍋に煮汁の材料を合わせて火にかけて煮立ったら、タコ足を入れ、落とし蓋をして弱火でタコが柔らかくなるまで45分～1時間くらいじっくりと煮る。

◎栗甘露煮（151頁参照）

◎秋刀魚ずし

【作り方】サンマは三枚におろして酢じめにし、皮目をあぶる。すし飯（134頁参照）に実山椒の炊いたものを混ぜる。布巾の上にサンマの皮目を下にしてのせ、すし飯を棒状にまとめてのせ、包み込む。これを巻きすにとって形を整えたら、食べよく切る。人参の桂むきを立

て塩につけたものを秋刀魚ずしにのせて供する。

◎海老すり身の五色揚げ

【作り方】エビのすり身はつくね芋、卵白、昆布だしを加えて当たり、一口大に丸める。これに小麦粉をはたいて卵白をつけて、五色あられをまぶして揚げる。

◎しめじ芥子の実まぶし

【作り方】しめじは茹でてから、八方だしにひたして味をなじませ、芥子の実をまぶす。
※しめじに芥子の実をまぶしてから揚げてもよい。

◎焼き蓮根

【作り方】蓮根は湯がいてから、焼き目がつくようこんがり焼く。

ご飯

◎瓢形物相ご飯（白ごま）／楽京赤ワイン漬け

【作り方】ご飯を瓢形の物相型でぬいて、白炒りごまをのせ、楽京赤ワイン漬けを添える。

◆お椀／湯葉茶巾、海老、つる菜、金針菜、みょうが

【作り方】白身のすり身は、つくね芋、卵白、昆布だしで調え、刻んだ木クラゲと百合根、銀杏を混ぜ、湯葉で包んで茶巾にする。これを吸い地八方だしで炊いておく。エビはむき身にし、腹側から開いて吸い地八方で炊いておく。金針菜は戻し、つる菜は色だし、それぞれ吸い地八方にひたす。湯葉茶巾、エビ、金針菜、つる菜を椀に盛り、温めた吸い地八方をはり、針打ちしたみょうがをあしらう。

秋　松花堂弁当　28頁

造り

◎鯛そぎ造り、刺身こんにゃく三種

【材料】タイ（上身）　刺身こんにゃく（近江こんにゃく　白板こんにゃく　湯葉こんにゃく）　大葉　水前寺海苔　黄菊　すだち

【作り方】タイは上身を用意して、そぎ切りにする。刺身用のこんにゃくはそれぞれ短冊に切る。大葉を敷いた器にタイと刺身こんにゃくを盛り合わせ、水前寺海苔、黄菊、すだちを添える。

炊き物

◎冬瓜瓢含め煮

【作り方】冬瓜は薄く皮をむいて瓢形に抜く。色よく仕上げるため、塩でみがき、昆布を入れた湯で下茹でする。八方だしで煮て味を含ませる。
※冬瓜を、昆布を入れた湯で茹でるのは淡白な冬瓜に旨みをのせるため。

◎手鞠大根、人参、南瓜の含め煮

【作り方】大根、人参、南瓜は丸く抜いて、それぞれ下茹でしたのちに八方だしで煮含める。

◎白ずいき白煮

【作り方】白ずいきは、皮をむいて立て塩につけ、しんなりしたら大根のおろし汁と鷹の爪を加えた湯で茹で、水にさらす。鍋に八方だしを入れて火にかけ、煮立ってきたら白ずいきを加えてさっと茹で、冷ました八方だしにつけて味を含ませる。

◎しめじの煮物

【作り方】しめじは石づきを落とし、1本ずつにばらしたのち下茹でし、八方だしにて炊く。
※しめじは、素揚げしてから八方だしで炊いてもよい。

◎鱈の子含め煮

【材料】タラの子　煮汁（割合／だし10、酒2、みりん0.8、薄口醤油0.8、砂糖1、塩少々）　針生姜

【作り方】タラの子は血合いを除き、薄皮に包丁を入れて熱湯で霜降りにして花を咲かせ、冷水に取り、ざるにあげる。煮汁の材料を煮たたせ、タラの子、針生姜を入れ、弱めの中火で煮る。

八寸

◎鰤西京焼き

【作り方】ブリは切り身を用意し、86頁を参照して、味噌漬けにする。余分な味噌をふき取り、両面を焼く。

◎海老塩茹で

【作り方】車エビは背ワタを取って塩茹でし、殻をむいて両端を切り整える。

◎秋刀魚の八幡巻き

【材料】サンマ　ごぼう　たれ（割合／濃口醤油2、たまり醤油0.2、酒1、砂糖0.5）を火にかけ、2割程度煮詰める）

【作り方】ごぼうは20㎝位に切り、片端をつなげたまま5、6本に切り分け、下茹でしたのち、八方だしで炊いて冷ます。サンマは3枚におろし、片身を松葉のように2枚にする。皮表にしてごぼうにややゆるめに巻きつけていき、巻き終わりを止めたらまず素焼きにする。次いでたれをまわしかけながら、焼きあげていく。

◎焼き椎茸

【作り方】生椎茸は石づきを落とし、塩をして、両面を焼く。

◎栗渋皮煮

【作り方】栗は鬼皮のみをむいて下茹でする。栗甘露煮の煮汁に濃口醤油を少量加えて風味よく調えた煮汁で含め煮にする。

◎松葉銀杏

【作り方】銀杏は殻を割り、塩煎りして薄皮をむき、松葉に刺す。

◎みょうがの甘酢漬け（169頁参照）

ご飯

◎お結び（黄菊、紫菊、ゆかり）、大根浅漬け

【作り方】黄菊と紫菊は、それぞれ花びらをむしりとり、酢少々を加えた熱湯でさっと湯がき、素早く冷水にとって水気を絞る。ラップに黄菊、紫菊をそれぞれ適量広げ、その上にご飯をのせて丸く握って形を整える。ゆかりのお結びは、ご飯を丸く握って形を整えたのち、ゆかりをまぶす。大根の漬け物を食べよく刈うちして添える。

秋 桶盛り弁当 30頁

◎海老芋田楽

【材料】海老芋　車エビ　蛸の柔らか煮（131頁参照）　生椎茸　しめじ　フォアグラ味噌

【作り方】

1 海老芋は皮つきのまま丸ごと蒸す。柔らかくなったら半分に切り、中心をくり抜く。くり抜いた身は食べよく切る。

2 車エビは背ワタを抜いて塩茹でし、殻をむいて2〜3つに切る。

3 生椎茸は石づきを落として食べよい大きさに切り、塩をふって焼く。しめじは一本ずつに離し、薄く塩をふって焼く。

4 1の海老芋釜に海老芋、車エビ、椎茸、しめじ、食べよい大きさに切ったタコの柔らか煮を盛り、フォアグラ味噌をぬり、焼き目がつく程度まで焼く。

※フォアグラ味噌は、フォアグラの缶詰1.5に対し、玉味噌（133頁参照）1、煮きり酒0.3、煮きりみりん0.2で合わせる。フォアグラを裏漉ししたのち、全体をすり混ぜる。

◎蓮根の芋ずし射込み

【材料】蓮根　芋ずし（山芋、卵黄、砂糖、酢）

【作り方】

1 蓮根は花にむき、酢を少量入れた熱湯で茹でる。

2 芋寿司を作る。山芋は適当な大きさに切ってから柔らかくなるまで蒸し、裏漉しする。

3 茹で卵の黄身を裏漉しし、2の山芋を合わせて、砂糖、塩、酢を加えてなめらかに練り合わせる。

4 1の蓮根の穴に芋ずしを射込み、4、5㎜厚さの輪切りにする。

◎みょうが甘酢漬け（169頁参照）

◎だし巻き卵小袖

【材料】卵液（卵3、だし1、薄口醤油、みりん、塩各少量）

【作り方】卵にだしと調味料を加えて溶きほぐし、だし巻き卵（118頁参照）と同様に焼きあげる。

◎鯛の龍皮昆布巻き

【作り方】タイは上身にしたものを用意し、薄いそぎ切りにし、白板昆布で挟んで昆布じめにする。龍皮昆布の上に昆布じめにしたタイの身を並べ、錦糸卵と甘酢漬けにした針生姜を芯にして端からくるくると鳴門状に巻く。しばらくおいてなじんだら、1㎝くらいの厚みに切り分ける。

◎烏賊の数の子和え

【作り方】イカは上身を用意し、細造りにし、ほぐした数の子で和え、器に盛って花穂じそを添える。

◎海老とグリーンアスパラガスの白ごまクリーム柿釜盛り

【作り方】柿は縦に半分に切ったものを用意し、縦に1枚薄く切って蓋にし、残りの果肉をくり抜いて釜にする。グリーンアスパラガスは色よく茹でてから薄口八方だしに浸す。柿を柿釜に盛り、白ごまクリームをかけ、グリーンアスパラガスをあしらう。

※白ごまクリームは練りごまを主体としたなめらかな和え衣のことで、ごま和えや白和え衣にも応用できる。

◎甘鯛のみりん干し

【作り方】甘鯛は三枚におろすか開くかし、みりん2、濃口醤油1の割合の漬け地に3時間くらい漬け、汁気をふいて風干しする。これを焼いて食べよく切る。※甘鯛を漬け込む時間は身の厚みによって加減する。

◎焼き葱
【作り方】白ねぎは塩を振って軽く焼き目をつけ、適当な長さに切る。

◎揚げ茄子の含め煮
【作り方】茄子は包丁目を斜めに細かく入れて素揚げにし、熱湯で油抜きする。鍋に薄口八方だしを煮立たせて茄子を入れ、さっと煮て取り出し、冷ました煮汁に戻し入れて味を含ませる。

◎子持ち鮎の煮びたし
【材料】子持ちアユ、水10カップ酢、番茶各適量　調味料（酒、みりん各1/2カップ、濃口醤油1/4カップ、たまり醤油大さじ1、砂糖大さじ4）
【作り方】子持ち鮎は素焼きにしてから鍋に入れ、水と酢を入れて、ガーゼに包んだ番茶を加えて火にかけ、番茶の色が十分に出たら引き上げ、鮎の骨が柔らかくなるまで煮る。煮汁が1/3量くらいにまで煮詰まったら、調味料を加えてさらに煮詰めて照りよく仕上げ、食べよい大きさに切る。

◎揚げしめじ
【作り方】しめじは石づきをとって1本ずつに切り離し、八方だしでさっと煮る。汁気をきって軸の部分にけしの実をつけ、素揚げにする。

◎海老塩茹で
【作り方】エビは背ワタを抜いて塩茹でし、殻をむいて両端を切り整える。

◆ご飯／菊ご飯
【作り方】紫菊と黄菊は花びらを摘み、酢を少量入れた熱湯で茹でて水に取り、水気を絞ってご飯に混ぜ、茶碗に一文字に盛る。

◆お椀／赤だし（焼き長芋、粟麩）
【作り方】椀に焼き目をつけた長芋と粟麩を盛り、温めた赤だしをはる。

秋　竹ざる弁当
32頁

◎甘鯛の利久揚げ、美人粉揚げ
【材料】アマダイ　小麦粉　卵白　みじん粉　白ごま
【作り方】アマダイはおろし身を用意し、ひと口大に切る。小麦粉をはたいて卵白にくぐらせ、それぞれにみじん粉と白ごまをまぶしつけて揚げる。

◎鰆祐庵焼き
【作り方】サワラは切り身を用意し、86頁を参照して祐庵地に30分ほどつけたら、両面を焼く。

◎真名鰹西京焼き
【材料】マナガツオ味噌床（割合／白味噌10、みりん1、酒1）
【作り方】マナガツオの切り身は、軽く塩をふって余分な水気をふきとる。味噌床、ガーゼ、マナガツオ、ガーゼ、味噌床と挟んでひと晩漬け込み、取り出して余分な味噌をとって色よく焼き上げる。

◎甘鯛ろう焼き
【作り方】甘鯛は切り身を用意し、まず素焼きにする。卵黄2個に対し、塩小さじ1/3を混ぜたものを用意し、盛りつけた時、表になる面にぬってあぶる。これを3回ほど繰り返して色つやよく仕上げる。

◎野菜の煮物（里芋、蕪、南瓜、蓮根、人参）
【作り方】
1 里芋は上下を切り落とし、六方に皮をむいて米のとぎ汁で下茹でして水にさらし、八方だしで煮含める。
2 かぶは厚めに皮をむき、下茹でしたのち、八方だしで炊く。
3 南瓜は食べよい大きさに切って面取りをし、少し皮を残してむく。下茹でしたのち八方だしで炊く。
4 蓮根は皮をむいて花蓮根にし、米のとぎ汁で下茹でしてから、八方だしで煮含める。
5 人参は皮をむいて斜めの回し切りにし、米のとぎ汁で下茹でしてから八方だしで煮る。

◎すだれ麩含め煮
【作り方】すだれ麩は食べよく切り、八方だしで煮る。

◎海老の芝煮
【材料】煮汁（割合／だし4、煮きり酒2、薄口醤油0.6、濃口醤油0.2、みりん0.8）
【作り方】車エビは、背ワタを取って殻をむき、熱湯に通して霜降りにし、煮汁でさっと煮て取り出す。煮汁を冷まし、取り出した車エビを戻し入れて味を含ませる。

◎小芋の二色玉味噌がけ
【作り方】小芋は白八方だしで煮た後、それぞれに玉味噌（133頁参照）と鉄火味噌（134頁参照）をのせて香ばしく焼く。

◎秋刀魚の八幡巻き
【材料】サンマ　ごぼうたれ（割合／濃口醤油1、たまり醤油0.2、酒1、砂糖0.5を火にかけ、2割程度煮詰めたもの）

【作り方】

1 ごぼうは表面をたわしなどでこすって表面の汚れを落とし、サンマの大きさに合わせて切り、米のとぎ汁で茹で、八方だしで煮て味を含ませる。

2 1のごぼうをサンマのおろし身で巻き、金串を打って焼く。全体に焼き色がついたら、たれをまわしかけ、色よく焼きあげて串を抜き、食べよい幅に切り分ける。

◎俵結び（ゆかり、ごま、大葉）

【作り方】白飯を俵に握ってゆかりをふる。もう一つのおむすびは白飯に切りごまと、大葉を混ぜて俵に握る。大葉はごく細く切ったのち、水にさらして、よく絞って使う。

◎なめこととんぶりの和え物

【作り方】なめこはさっと湯がいたのち、とんぶりと、大根おろしと和えて、ポン酢をかける。茹でた黄菊をあしらう。

秋 竹篭弁当

34頁

◎海老とアスパラガス、蓮根のごま酢和え柿釜盛り

【材料】エビ　グリーンアスパラガス　蓮根　金時人参　ごま酢　柿釜

【作り方】

1 エビは背ワタを除き、塩茹でしたのち、殻をむいて食べよく切る。

2 グリーンアスパラガスは、塩茹でして3、4cm長さに切る。

3 蓮根は、花むきにして酢少々を加えた熱湯で茹でる。

4 金時人参は、皮をむいて細切りにし、下茹でしてから八方だしでさっと煮て、味を含ませる。

5 下準備した材料の汁気をきってごま酢で和え、柿釜に盛る。

※ごま酢の作り方は次の通り／炒りごま大さじ5をすり鉢でねっとりするまですり、練りごま30ml、煮きりみりん15ml、薄口醤油15ml、だし45ml、砂糖15g、酢15mlを加えてよく混ぜ合わせ、なめらかに仕上げる。

◎穴子たれ焼き

【材料】アナゴ（開いたもの）　たれ（割合／濃口醤油1、たまり醤油0.2、酒1、砂糖0.5を2割程度煮詰めたもの）

【作り方】

1 アナゴは頭と尾を落とし、包丁で皮のぬめりをこそげとって串を打ち、皮目側から両面を焼いて白焼きにする。

2 八分通り火を通したら、たれをかけながら照りよく焼きあげる。焼きあがったら串を抜いて食べよい幅に切り分ける。

◎秋刀魚有馬焼き

【作り方】サンマはおろし身を用意し、実山椒を加えた焼きだれ（133頁参照）をからませながら焼き上げる。

◎真名鰹吟醸焼き

【材料】マナガツオ　粕床※

【作り方】マナガツオは、切り身を用意し、粕床に2、3日漬けて味をなじませたのち、両面を焼く。

※粕床の作り方／酒粕4、白味噌6、みりん2の割合で用意する。酒粕をまず少量の酒で溶きのばしてから白味噌とみりんを混ぜる。

◎鴨ロース

【材料】合鴨（胸肉）　煮汁（割合／だし8、赤ワイン2、濃口醤油0.3、ケチャップ0.4、ウスターソース0.3、砂糖0.4）

【作り方】

1 合鴨は皮目に金串を刺す。

2 1を皮目から焼き、ほどよく脂がおち、焦げ色がついたら、氷水にとる。

3 鍋に煮汁の材料を合わせて火にかけ、煮立ってきたら2の合鴨を入れる。紙蓋をして、中心にうっすらと赤みが残るくらいまで弱火で煮る。

4 3の合鴨ロースをスライスし、煮汁をまわしかける。

◎野菜の煮物（茄子、蕪、ごぼう、南瓜、人参）

【作り方】

1 茄子は斜めに皮に切り込みを入れて素揚げしてから八方だしで炊く。

2 かぶは厚めに皮をむき、下茹でしたのち、八方だしで炊く。

3 ごぼうは、たわしで洗って表面の汚れを落としたら、3、4cm長さに切り、下茹でしてから水にさらし、八方だしで煮含める。

4 南瓜は、皮を薄くむいて角切りにし、面取りをして下茹でする。下茹でした南瓜を八方だしに入れ、弱火の中火でゆっくりと煮含める。

5 人参は木の葉型に飾り切りし、下茹でしてから八方だしで炊く。

◎栗甘露煮

【作り方】栗は渋皮までむいて下茹でし、水2に対して砂糖1の割合で合わせたシロップで甘露煮にする。

秋　長角二段弁当　36頁

上段

◎だし巻き卵

【作り方】卵焼き鍋を熱して油を薄くひき、少量の卵地（118頁参照）を流し入れて焼き、焼けてきたら奥から手前に手早く巻き込む。これを奥にすべらせて、さらに卵地を流し入れて同様に手早く巻き込む。これを何度か繰り返し、巻きすで形を整える。

◎飛龍頭含め煮

【材料】飛龍頭（115頁参照）　ひじきの煮物　枝豆　薄口八方だし（130頁参照）　水溶きの葛粉

【作り方】

1 薄く炊いたひじきの煮物と、塩茹でした枝豆を歯応えよく混ぜた飛龍頭を作る。

2 熱湯で油抜きしてから薄口八方だしで煮て味を含ませる。煮汁に水溶きの葛粉でとろみをつけたあんを作り、盛り込んだ飛龍頭にかけて仕上げる。

◎鮭昆布巻き

【材料】サケ（上身）　昆布　煮汁（割合／だし10、みりん1、砂糖1、濃口醤油1、酢0.2）　かんぴょう

【作り方】

1 サケは、昆布の幅に合わせて棒状に切り整える。昆布は酢につけて柔らかくし、サケを芯にして巻き、巻き終わりを戻したかんぴょうで巻く。

2 煮汁でじっくりと煮つめて照りよく煮上げ、食べよい大きさに切る。

◎野菜田舎煮

【材料】蕪　ごぼう　里芋　蓮根　椎茸　煮汁（割合／だし6、酒2、みりん1、濃口醤油1、砂糖0.2）

【作り方】野菜はそれぞれ食べよい大きさに切って下茹でし、やや濃いめの煮汁で味よく煮る。

◎くわい甘煮

【作り方】くわいは、薄皮をむいて芽の先を切り落とし、底の部分を平らに切り落とし、皮を厚めに六方にむいて水にさらし、下茹でする。鍋に煮汁（132頁参照）の材料を合わせてくわいを入れ、ゆっくりと含め煮にする。

◎ミニオクラ

【作り方】オクラは塩をして板ずりし、熱湯で色よく茹でて吸い地八方だしにつける。

◎金針菜

【作り方】金針菜を戻して吸い地八方だしにつける。

◎車海老芝煮（115頁参照）

◎すだれ麩含め煮

【作り方】すだれ麩は八方だし（130頁参照）で色よく煮る。

◎鮭有馬焼き

【作り方】サケは一人当て30g程度の切り身を用意し、有馬焼きのたれ（133頁参照）をつけながら焼き上げる。

◎栗渋皮煮

【作り方】栗は鬼皮のみをむいて下茹でし、濃口醤油を少量加えて風味よく調えた煮汁で含め煮にする。

◎紅葉人参（52頁参照）

◎貝柱黄身煮

【材料】ホタテ貝柱　小麦粉　卵黄　煮汁（割合／だし6、みりん1、薄口醤油0.8、塩少々、しぼり生姜少量）

【作り方】

1 ホタテ貝柱は立て塩で洗って、水気をふき取り、小麦粉をまぶして卵黄をくぐらせる。

2 煮汁の材料を合わせて火にかけ、煮立つ直前くらいの火加減になったら、卵黄をくぐらせたホタテ貝柱を入れ、落とし蓋をして表面の卵に火が通る程度にさっと煮る。

◎穴子博多袱紗寄せ

【材料】アナゴ　卵　いんげん　百合根　調味料（砂糖、塩、薄口醤油、みりん）

【作り方】

1 アナゴは白煮（131頁参照）したものを用意する。

2 卵をよく溶きほぐして火にかけ、途中、塩茹でしたいんげんと下茹でした百合根を加えて半練りにする。

3 流し缶に白煮したアナゴの皮目を下にして並べ、半練りにした卵を流し入れ、蒸気のあがった蒸し器で20分程度蒸す。蒸し上がったら、食べよい大きさに切る。

◎百合根茶巾絞り

【材料】百合根　調味料（砂糖、塩）　卵白　黒豆（甘煮にしたもの）

【作り方】百合根はそうじしたものを用意し、茹でて裏漉しし、熱いうちに砂糖、塩、卵白を加えて練り合わせ、布巾で茶巾に絞る。中心に甘煮にした黒豆をのせる。

下段

◎車海老黄身揚げ

【作り方】車エビは背ワタを取って殻をむき、小麦粉を薄くまぶして黄身衣をくぐらせ、高温の油で揚げる。

※黄身衣は卵黄2個分に対し、小麦粉1カップ、水1カップを混ぜたもの。

◎秋刀魚有馬焼き

【作り方】サンマはおろし身を用意し、焼きだれ（133頁参照）をからませながら焼き上げる。

◎ちしゃとう西京漬け松葉刺し

【作り方】ちしゃとうは皮をむいて味噌床（133頁参照）に漬け込んで味を移したものを用意し、小ぶりに切って松葉に刺す。

◎蛸の柔らか煮

【作り方】タコの足は湯通しして流水に取り、ぬめりや汚れを除く。煮汁（131頁参照）の材料を煮立たせ、タコを入れ、落とし蓋をしてタコが柔らかくなるまで弱火で45分～1時間ほど煮る。

◎しめじポン酢漬け

【作り方】しめじはそうじして1本ずつに切り離し、素揚げにしてポン酢醤油に漬ける。

◎ひじき初霜和え

【作り方】ひじきは汚れをのぞいて水につけて戻し、薄味に炊き、白和え衣（87頁参照）で和える。

◎物相栗ご飯

【作り方】栗は湯につけて柔らかくしたのち、鬼皮ごと渋皮までむいてかために茹でる。米をといでやや少なめの水加減にし、塩を加えた中に栗も入れ、かために炊き上げる。炊き上がった栗ご飯を物相型で抜く。

◎アスパラガス甘酢漬け（117頁参照）

◎花蓮根甘酢漬け（117頁参照）

◎楽京赤ワイン漬け（164頁参照）

秋 わっぱ弁当 38頁

◎だし巻き卵

【作り方】卵地（118頁参照）を用意し、油を薄くひいた卵焼き鍋に少量流し入れて焼き、焼けてきたら奥から手前に手早く巻き込む。これを奥にすべらせて、さらに卵地を流し入れて同様に巻き込む。これを何度か繰り返し、巻きすに取って形を整え、食べよく切り分ける。

◎イクラ醤油漬け金柑釜

【材料】サケの腹子　漬け汁（割合／煮きり酒4、煮きりみりん1、薄口醤油1）　金柑

【作り方】サケの腹子はぬるま湯につけて一粒ずつにほぐし、薄皮を除く。漬け汁に漬けて味をなじませたものを金柑釜に盛る。

※この配合の漬け汁では、あまり漬け込みすぎないうちに食べる

◎小鯛すずめ焼き

【作り方】コダイは三枚に開き、皮目を表にしてくるりと巻き込んで金串を打ち、酒塩をくぐらせて焼き上げる。

◎椎茸美人粉揚げ

【材料】椎茸　小麦粉　卵白　みじん粉　白身魚すり身

【作り方】

1 椎茸は石づきを取り、笠の内側に小麦粉をはたき、白身魚のすり身を詰める。

2 1に小麦粉を薄くまぶして卵白にくぐらせみじん粉をまぶす。

3 2を中温の油で、色づかないように揚げる。

◎鱧照り焼き

【材料】ハモ　焼きだれ（割合／濃口醤油1、たまり醤油0.2、酒1、砂糖0.5）

【作り方】

1 ハモのおろし身は、骨切りをして串を打ち、皮目の方から両面を焼いて白焼きにする。

2 八分通り火が通ったら、何度かたれをかけながら乾かす程度に焼き、照りよく仕上げる。

※たれは、材料を合わせて火にかけ、2割程度煮詰めたもの。

◎枝豆

【作り方】枝豆は塩みがきして塩茹でし、両端を切り整える。

◎合鴨ロース

【作り方】合鴨は皮目に金串を刺し皮目から焼く。ほどよく脂がおち、焦げ色がついたら、氷水にとる。鍋に煮汁（133頁参照）の材料を合わせて火にかけ、煮立ってきたら合鴨を入れ、紙蓋をして中心にうっすらと赤みが残るくらいまで弱火で煮る。薄くスライスして盛り込む。

◎ひさご長芋

【作り方】長芋はひげ根を焼いて瓢型で抜き、白八方だしまたは薄口八方だしで煮含める。

◎手綱こんにゃく
【作り方】こんにゃくは手綱こんにゃくに作って湯に通し、やや濃いめの煮汁（133頁参照）で味よく煮含める。

◎黒豆の白和え
【作り方】黒豆は柔らかく茹でたものを用意し、白和え衣（87頁参照）で和えて小猪口に盛り、金箔を散らす。

◎ホワイトアスパラガスの甘酢漬け
【作り方】ホワイトアスパラガスはさっと茹でたのち、梅酢を混ぜた甘酢（133頁参照）に漬ける。

◎俵ご飯（むかごご飯・赤飯）
【作り方】赤飯は戻した小豆ともち米にて蒸したものを用意する。むかごご飯は、むかごは塩磨きして蒸し、ほどよい大きさの乱切りにする。もち米をくちなしで着色した水で炊き、炊き上がりにむかごを混ぜ込んで仕上げる。赤飯とむかごご飯を俵の形にむすぶ。

秋 半月弁当

40頁

◎だし巻き卵小袖
【材 料】卵地（割合／卵3、だし1、薄口醤油・みりん・塩各少量）
【作り方】卵地の材料をよく溶きほぐす。卵焼き鍋を熱して油を薄くひき、適量の卵地を流し入れて焼き、奥から手前に巻き込む。これを奥にすべらせて、さらに油をひいて卵地を流し入れて同様に巻き込んでいく。これを3度ほど繰り返し、巻きすに取って小袖の形に整える。

◎車海老芝煮
【材 料】車エビ　煮汁（割合／だし4、煮きり酒2、薄口醤油0.6、濃口醤油0.2、みりん0.8）
【作り方】車エビは、背ワタを取って殻をむき、熱湯に通して霜降りにし、煮汁でさっと煮て取り出す。煮汁を冷まし、取り出した車エビを戻し入れて味を含ませる。

◎秋刀魚有馬煮
【材 料】サンマ　煮汁（割合／濃口醤油1、酒1、みりん1、砂糖1）　実山椒
【作り方】サンマはおろしたものを用意し、さっと両面を焼いたのち、煮汁を加えて煮つめる。途中、実山椒の水煮を加えて風味よく煮上げる。

◎蛸の柔らか煮
【作り方】タコ脚は湯通しして流水に取り、ぬめりや汚れを取り除く。煮汁（131頁参照）を煮立たせたなかに入れ、弱火で落とし蓋をして約1時間ほどじっくりと煮る。

◎海老すり身美人粉揚げ
【作り方】エビのすり身を用意し、山芋、卵白、塩を加えてすり混ぜ、形よくまとめる。小麦粉、卵白、みじん粉をつけて色よく揚げる。

◎甘鯛一夜干し
【作り方】甘鯛は三枚におろすか開くかし、昆布を入れた酒塩に2時間ほど漬け、汁気をふいて風干しする。これを芳ばしく焼いて食べよく切る。
※酒塩は水2に対し酒1、塩は立て塩程度とする。甘鯛の身の厚みによって漬け込む時間は加減する。

◎栗甘露煮
【作り方】栗は渋皮までむいて下茹でし、水2に対して砂糖1の割合で合わせたシロップで甘露煮にする。

◎銀杏松葉刺し
【作り方】銀杏は殻から取り出し、油で揚げて薄皮をむき、松葉に刺して塩をふる。

◎野菜の煮物
【作り方】南瓜、ごぼう、人参、こんにゃくを食べよい大きさに切って下茹でし、それぞれ含め煮にする。絹さやは、色出ししたのち野菜八方だしにひたしたものを添える。

◎飛龍頭含め煮
【作り方】飛龍頭（133頁参照）を作り、熱湯をかけて油抜きし、含め煮にする。

◎すだれ麩含め煮
【作り方】すだれ麩を食べよい大きさに切って下茹でし、含め煮にする。

◎三色俵結び
（きのこの炊きこみご飯、黄菊、紫菊）

【作り方】きのこの炊き込みご飯と、酢を少量入れて色よく茹でた黄菊と紫菊を混ぜたご飯三種を用意し、俵形に結ぶ。

◎ひじき初霜和え
【作り方】ひじきは薄味で炊いたものを用意し、汁気をきって白和え衣（135頁参照）で和え、小猪口に盛る。

◆松茸土瓶蒸し

【材料】松茸　車エビ　焼きねぎ　銀杏　吸い地（だし8カップ、塩小さじ2、酒0.2カップ、薄口醤油大さじ1）すだち

【作り方】松茸は石づきをけずり、薄切りにし、吸い地八方だしでさっと煮る。車エビは背わたを取って塩を少量入れた熱湯で茹でる。土瓶に松茸と車エビ、焼きねぎ、銀杏を盛り、熱々の吸い地を張り、すだちを添える。

◎山桃蜜煮（140頁参照）

◎紅葉人参（52頁参照）

◎いちょう黄パプリカ（52頁参照）

秋　丸形二段弁当　42頁

◎鮭の有馬焼き

【作り方】サケは一人当て約30gの切り身を用意し、両面をさっと焼いたのち、焼きだれ（133頁参照）と実山椒の水煮を加えてからませながら煮つめる。

◎だし巻き卵小袖

【材料】卵地（割合／卵3、だし1、薄口醤油、みりん・塩各少量）

【作り方】卵地の材料をよく溶きほぐす。卵焼き鍋を熱して油を薄くひき、適量の卵地を流し入れて焼き、奥から手前に巻き込む。これを奥にすべらせて、油をひいて卵地を流し入れて同様に巻き込む。これを3度ほど繰り返し、巻きすに取って小袖の形に整える。

◎椎茸利久揚げ

【材料】椎茸　小麦粉　卵白　白炒りごま　白身魚のすり身

【作り方】

1 椎茸は石づきを取り、笠の内側に小麦粉をはたき、白身魚のすり身を詰める。

2 1に小麦粉を薄くまぶして卵白にくぐらせ、ごまをまぶす。

3 2を中温の油で、色づかないように揚げる。

◎穴子白煮

【材料】アナゴ　煮汁（割合／だし8、酒2、みりん1、砂糖0.5、薄口醤油0.3、塩少量）

【作り方】アナゴは開いてぬめりを取りのぞき、煮汁を煮立たせたところに入れ、さっと煮上げ、食べよい大きさに切る。

◎鱧白焼き

【作り方】モのおろし身は、骨切りをして串を打ち、塩をふり、皮目の方から両面を焼いて白焼きにする。

◎常節の旨煮

【材料】トコブシ　煮汁（割合／だし6、酒2、薄口醤油1、みりん0.8、砂糖少量）

【作り方】トコブシは塩でみがいて汚れを落とし、身を殻から取り出しクチバシを切る。身の表面に鹿の子包丁を入れ、煮汁の材料を合わせて煮立てたところに入れ、味を含める。

◎鮭の昆布巻き

【材料】サケ（上身）　昆布　煮汁（割合／だし10、みりん1、砂糖1、濃口醤油1、酢0.2）　かんぴょう

【作り方】サケは、昆布の幅に合わせて棒状に切り整える。昆布は酢につけて柔らかくし、サケを芯にしてゆるく巻き、戻したかんぴょうで結び、煮汁でじっくりと炊いて味を含ませる。

◎しめじ、椎茸ポン酢漬け

【材料】しめじ　椎茸　ポン酢醤油

【作り方】しめじは石づきをとって1本ずつに切り離し、椎茸も石づきをとって適当な大きさに切る。それぞれさっと素揚げにして油抜きしたのち、ポン酢醤油に漬ける。

◎いんげん

【作り方】いんげんは筋をとって両端を切り落とし、塩をまぶして熱湯で茹で、冷水にとって八方だしにつける。

◎花蓮根甘酢漬け

【作り方】蓮根はたわしで汚れを落として花にむき、薄切りにして水にさらしたのち、酢を少量入れた熱湯で歯ごたえを残す程度に茹で、甘酢（135頁参照）に漬ける。

◎黄パプリカ

【作り方】へたをとって種を除き、薄い短冊に切り、さっと茹でて八方だしにひたす。

◎きのこの炊きこみご飯

【材料】米　しめじ　炊き込みご飯のだし（割合／だし14、酒1、みりん0.8、薄口醤油1、塩少量）　錦糸卵

【作り方】

1 米は研いでざるに上げておく。

2 きのこ類はそれぞれ掃除して食べよく切り、さっと湯通しして炊き込みご飯のだしでさっと煮る。

3 米とwの煮汁を同量で合わせ、さっと煮たきのこをのせて炊く。

4 炊き上がったらざっくりと混ぜてむらし、器に盛って錦糸卵を全体に散らし、木の芽をあしらう。

秋 小箱弁当

44頁

◎鯛塩焼き

【作り方】 鯛は切り身を用意し、ふり塩をしてこんがりと焼きあげる。

◎真名鰹西京焼き

【材　料】 マナガツオ　味噌床（割合／白味噌10、みりん1、酒1）

【作り方】

1 マナガツオの切り身は、軽く塩をふって余分な水気をふきとる。

2 味噌床、ガーゼ、マナガツオ、ガーゼ、味噌床と挟んでひと晩漬け込む。余分な味噌をとって金串を打って色よく焼き上げる。

◎秋鮭ろう焼き

【材　料】 サケ（上身）　下焼きの漬け地（割合／酒1、みりん1、薄口醤油1）　黄身衣（卵黄2個分、みりん小さじ2、塩小さじ1/3）

【作り方】

1 サケに軽く塩をふってしばらくおいてから、下焼きの漬け地に漬ける。

2 漬け地から取り出して、さっと素焼きにしてから黄身衣を2～3度ぬり重ねながら、つややかに焼き上げる。

◎よもぎ麩の含め煮

【作り方】 よもぎ麩は揚げてから熱湯で油抜きし、薄口八方だしでさっと煮含める。

※煮る時は強火にしないように注意。

◎子持ち鮎煮びたし

【材　料】 子持ちアユ　水・酢・番茶各適量　調味料（酒、みりん各1/2カップ、濃口醤油1/4カップ、たまり醤油大さじ1、砂糖大さじ4）

【作り方】

1 子持ちアユは、素焼きにしてから鍋に入れ、たっぷりめの水と酢を入れて、ガーゼに包んだ番茶を加えて火にかけ、番茶の色が十分に出たら引き上げ、アユの骨がやわらかくなるまで煮る。

2 煮汁が1/3量くらいにまで煮詰まったら、調味料を加えてさらに煮つめて照りよく仕上げ、食べよい大きさに切る。

◎南瓜の含め煮

【作り方】 南瓜は木の葉に切り、やや濃いめに味を仕立てた八方だしで煮含める。

◎大根含め煮

【作り方】 大根は厚めに皮をむいて米のとぎ汁で下茹でしたのち、薄口八方だしで煮含める。

◎高野豆腐含め煮

【作り方】 高野豆腐は湯につけて戻し、丁寧に押し洗いしてからたっぷりの煮汁（131頁参照）でゆっくりと煮含める。

◎ごぼう田舎煮

【作り方】 ごぼうはたわしでこすって洗い、濃いめの煮汁で田舎煮にする。

◎蕪白煮

【作り方】 かぶは、厚めに皮をむいて、米のとぎ汁で下茹でしたのち、白八方だしで煮含める。

◎人参含め煮

【作り方】 人参は木の葉に切り、米のとぎ汁で下茹でしたのち、野菜八方だしで味を煮含める。

◎百合根

【作り方】 百合根は掃除して湯がき、焼き目をつけたのち、白八方だしに浸して味を含ませる。

◎しめじの八方煮

【作り方】 しめじは掃除して石づきを除いて切り離し、野菜八方だしで煮含める。

◎湯葉の含め煮

【作り方】 湯葉は食べよい幅に切り分け、薄口八方だしで煮含める。

◎烏賊の酒盗和え

【作り方】 酒盗を煮きった酒とみりんでのばし、細造りにしたイカを和える。花穂じそをしごいたものと粒梅ゼリーをあしらう。

◆造り三種盛り

【材　料】 イカ　カンパチ　タチウオ　ラディッシュ　胡瓜　大葉　黄菊　花穂じそ　わさび　醤油

【作り方】

1 イカは切り掛け造り、カンパチは小ぶりの引き造り、タチウオは焼き霜にして引き造りにする。

2 器にラディッシュと胡瓜のけんを置き、大葉を敷いてイカ、カンパチ、タチウオの造りを盛り、黄菊、花穂じそをあしらい、わさびと醤油を添える。

◆ご飯／栗ご飯

【材　料】栗米塩とんぶり

【作り方】栗は渋皮までをむき、さっと下茹でする。米を研いで同割の水と合わせ、栗と塩を加えて炊き上げる。茶碗に盛ってとんぶりを散らす。※米の1割ほどのもち米を加えて炊きあげてもよい。

◆お椀／海老しんじょ清まし仕立て

【材　料】エビしんじょの吸い地（108頁参照）オクラ人参青柚子

【作り方】エビしんじょを椀に盛り、色よく茹でたオクラと人参を添え、吸い地を張って青柚子を吸い口にする。

※エビしんじょはしんじょ地（134頁参照）に叩いたエビを加えて食感をよくし、蒸したもの。

秋　大徳寺弁当

46頁

◎野菜の煮物（大根、南瓜、ごぼう）

【作り方】

1 大根は2、3cm幅の輪切りにして厚めに皮をむき、面取りをしてから米のとぎ汁で下茹でした後、八方だし（130頁参照）で煮含める。

2 南瓜は、くし型に切り、皮をむいて面とりをし、薄口醤油と濃口醤油を同割にした八方だしで煮る。

3 ごぼうは、たわしでこすって表面の汚れを落とし、固めに茹でて水にさらしてから、八方だしで炊き、そのまま冷まして味を含ませる。

◎鱈の子含め煮

【材　料】タラの子　煮汁（割合／だし10、酒2、みりん0.8、薄口醤油0.8、砂糖1、塩少々）　針生姜　木の芽

【作り方】

1 タラの子は血合いなどを除き、薄皮に包丁を入れ、熱湯で霜降りにして花を咲かせたら、冷水に取り、ざるにあげる。

2 1のタラの子を甘めに仕立てた薄口八方だしと針生姜で煮て味を含ませ、木の芽を添える。

◎蛸の柔らか煮

【材　料】タコの足　煮汁（割合／だし8、酒2、砂糖1、濃口醤油0.8、たまり醤油0.2、みりん0.2）

【作り方】タコの足は、さっと湯通ししてから流水に取り、ぬめりや汚れをていねいに取り除く。煮汁の材料を火にかけ、煮立ったらタコの足を入れ、落とし蓋をし、タコがやわらかくなるまで弱火で45分～1時間位じっくりと煮る。

◎栗渋皮煮（133頁参照）

◎鯛たれ焼き

【作り方】タイは切り身を用意する。酒4、みりん2、濃口醤油3、たまり醤油0.2、砂糖0.2の割合の調味料を1割程度煮詰めてたれを作る。タイを素焼きしたのち、たれをかけて焼き、照りよく仕上げる。

◎帆立貝柱ろう焼き

【作り方】ホタテは表面に鹿の子包丁を入れ、軽く塩と酒をふり、金串を打って下焼きをする。切り込みを入れた面に塩を加えた卵黄をぬり、弱火であぶる程度に焼く。表面が乾いたら、卵黄をぬり重ねて焼きあげ、木の芽を添える。

◎ミニオクラ

【作り方】オクラは塩をして板ずりし、熱湯で色よく茹でて吸い地八方だしにつける。

◎物相ご飯（黄菊、紫菊）

【作り方】酢を加えた熱湯で黄菊と紫菊の花びらを茹でて水気を絞る。白飯を丸型の物相で抜き、二色の菊をのせる。赤蕪と人参の漬け物を添える。

◆造り／鯛の造り、錦菜添え

【作り方】タイはそぎ造りにして器に盛る。大葉、人参、胡瓜、紫玉ねぎのせん切り野菜を彩りよく添える。

◆お椀

【材　料】もち麸　エビ　しめじ　つる菜　すだち

【作り方】もち麸、エビ、しめじ、つる菜はそれぞれ下ごしらえしたのち吸い地八方だしで茹でておく。お椀に準備した材料を入れ、温めた吸い地をはり、すだちを添える。

冬　菓子箱替わり弁当

48頁

◎だし巻き卵小袖

【材　料】卵地（割合／卵3、だし1、薄口醤油・みりん・塩各少量）

【作り方】卵に調味料を加えて溶きほぐす。卵焼き鍋を熱して油を薄くひき、適量の卵地を流し入れて焼き、焼けてきたら奥から手前に巻き込む。これを奥にすべらせて、さらに油をひいて、卵地を流し入れて同様に巻き込んでいく。3度ほど繰り返し、巻きすに取って小袖の形に整える。

◎甘鯛西京焼き

【材　料】アマダイ　味噌床（割合／白味噌10、みりん1、酒1）

【作り方】アマダイは軽く塩をふり、しばらくおいたのち水気をふく。味噌床に漬けて一晩おいたら、アマダイ

を取り出し、余分な味噌をふき取り、色よく焼き上げる。

◎イクラ醤油漬け金柑釜

【材　料】サケの腹子　漬け汁（割合／煮きり酒4、煮切りみりん1、薄口醤油1）　金柑

【作り方】サケの腹子はぬるま湯につけて一粒ずつにほぐし、薄皮を除く。漬け汁に漬けて味をなじませたものを金柑釜に盛る。

※この配合の漬け汁では、あまり漬け込みすぎないうちに食べる。

◎海老の芝煮

【材　料】エビ　煮汁（割合／だし4　煮きり酒2　薄口醤油0.6　濃口醤油0.2　みりん0.8）生姜薄切り

【作り方】エビは背ワタを取り、熱湯に通して霜降りにし、煮汁でさっと煮て取り出す。煮汁を冷まし、取り出したエビを戻し入れて味を含ませる。

◎湯葉茶巾

【材　料】湯葉　銀杏　鶏肉　干し椎茸　かんぴょう　八方だし（130頁参照）

【作り方】鶏肉と戻した干し椎茸は銀杏と同じ位の大きさに切り、湯葉で茶巾に包み、湯戻ししたかんぴょうで結ぶ。これを八方だしで炊く。

◎小手鞠の南瓜と人参

【作り方】南瓜と人参は、それぞれ丸くくり抜く。南瓜は八方だし（130頁参照）で煮含め、人参は米のとぎ汁で下茹でしてから八方だしで煮含める。

◎ひねりこんにゃく

【作り方】こんにゃくは、短冊に切って、包丁目を入れてひとひねりして手綱とし、下茹でしたのち、八方だし（130頁参照）で炊く。

◎菜の花

【作り方】塩をふって色よく茹でたらすぐに冷水にとって軽く水気を絞り、八方だしに辛子を加えて漬け込む。

◎蛸の柔らか煮

【材　料】タコの足　煮汁（割合／だし8、酒2、砂糖1、濃口醤油0.8、たまり醤油0.2、みりん0.2）

【作り方】タコの足は、さっと湯通ししてから流水に取り、ぬめりや汚れを取り除く。煮汁の材料を火にかけ、煮立ったらタコの足を入れ、落とし蓋をしてタコが柔らかくなるまで45分〜1時間ほどじっくりと煮る。

◎甘鯛美人粉揚げ

【作り方】アマダイの上身は一口大に切り、小麦粉を薄くはたいて卵白にくぐらせて、みじん粉をつけて揚げる。

◎貝柱利休揚げ

【作り方】ホタテの貝柱は水気をふいて小麦粉をはたき、卵白をつけて白ごまをまぶし、こんがりと揚げる。

◎よもぎ麩たれ焼き

【作り方】よもぎ麩は両面をあぶり、醤油、砂糖、酒を同割にしたたれをつけて芳ばしく焼きあげる。

※たれに叩いた木の芽を加えると、春らしい風味が加わる。

◎みょうがずし

【作り方】甘酢漬けのみょうがは一枚ずつにばらし、茹でて裏漉しした百合根を射込む。

◎一寸豆塩茹で

【作り方】そら豆はさやから出して、色よく塩茹でする。

◎くわい煎餅

【作り方】くわいは天地を落として六方に皮をむき、ごく薄く切って水にさらし、水気をふいて素揚げにし、塩をふる。

◎梅形物相飯、梅ちぎりのせ

【作り方】白飯を梅形の物相形でぬいて、ちぎり梅をのせる。

◆お椀

【材　料】ハマグリ　ハマグリのだし　かぶ　菜の花　筍　柚子

【作り方】鍋に水洗いしたハマグリ、水、酒、昆布を入れて火にかけ、ハマグリの口が開いたらザルにあげて汁を漉す。椀にハマグリと、吸い地で下味をつけたかぶ、筍、菜の花を入れ、塩で調味したハマグリのだしをはり、柚子を添える。

※ハマグリのだしの取り方／ハマグリ5個に対して、水500㎖、昆布5㎝角、酒50㎖を加えて火にかけ、ハマグリの口が開きかけてきたら昆布を引き上げ、続いてハマグリも取り出す。

冬　松花堂弁当

50頁

造り

◎鯛そぎ造り／刺身こんにゃく三種

【材　料】タイ　近江こんにゃく　白板こんにゃく　ごまこんにゃく　大葉　花穂じそ　わさび　紫芽

【作り方】タイはそぎ造りにし、刺身こんにゃくはそれ

ぞれ色紙に切る。大葉を敷いた器に造りを盛り、つま類とわさびを添える。

八寸

◎だし巻き卵小袖

【材料】卵地（割合／卵3、だし1、薄口醤油・みりん塩・各少量）

【作り方】卵にだしと調味料を加えて溶きほぐし、卵地を作る。だし巻き卵（118頁）を参照して焼き上げ、巻きすに取って小袖の形に整え、食べよく切る。

焼き物

◎鮭の有馬焼き

【材料】サケ　焼きだれ（割合／酒4、みりん2、濃口醤油2、たまり醤油0.2、水あめ0.5）　粉山椒

【作り方】焼きだれの調味料を合わせて火にかけ、1割程煮つめる。サケの両面を素焼きしたのち、たれをからませながら焼き上げ、粉山椒をふって仕上げる。

◎烏賊ろう焼き

【材料】イカ　黄身衣（割合／卵黄2個分、みりん小さじ2、塩小さじ1/3）

【作り方】イカは表面に鹿の子包丁を入れて軽く塩と酒をふり、さっと下焼きする。切り込みを入れた面に黄身衣をぬり、軽くあぶる程度に焼く。これを2、3回繰り返して色よく焼きあげる。

◎穴子八幡巻き

【材料】アナゴ　ごぼう　たれ（割合／濃口醤油1、たまり醤油0.2、酒1、砂糖0.5を火にかけ、2割程度煮詰めたもの）

【作り方】

1 ごぼうはたわしで洗い、20cm長さ位に切る。端をつなげたまま縦に5、6本の切り込みを入れて、米のとぎ汁で固めに茹でて水にさらし、八方だしで煮て味を含ませる。

2 アナゴは開いて皮のぬめりを除き、端をつけたまま2つに裂き、皮表にしてごぼうにややゆるめに巻きつけていく。

3 両端を竹皮などで結んで固定し、金串を打って強火で焼き色をつける。全体に焼き色がついたら、たれをまわしかけ、色よく焼きあげて串を抜き、食べよい幅に切り分ける。

◎黒豆、島人参西京漬け松葉刺し

【作り方】島人参は皮をむいて茹で、水気をふき、白味噌、酒、みりんの床に漬ける。蜜煮の黒豆とともに松葉に刺す。

◎ミニオクラ

【作り方】ミニオクラは塩みがきして茹で、八方だしに浸す。

◎酢取りみょうが

【作り方】みょうがはさっと茹で、甘酢に漬ける。

◎花蓮根甘酢漬け（117頁参照）

◎山桃蜜煮（140頁参照）

煮物

◎海老芋、すだれ麩、木の葉南瓜、蕪の炊き合わせ

【作り方】

1 海老芋はほどよい大きさに切って皮をむき、米のとぎ汁で下茹でして水にさらし、八方だしで煮含める。

2 すだれ麩は食べよく切り、八方だしで煮含める。

3 南瓜は、木の葉に抜いて下茹でし、八方だしで煮含める。

4 かぶは厚めに皮をむいて、米のとぎ汁で下茹でした後、白八方だしで煮含める。

5 しめじは石づきを除き、1本ずつに切り離し、茹でたのち八方だしでさっと煮る。

6 菜の花は塩をふって色よく茹でたらすぐに冷水にとって軽く水気を絞り、溶き辛子を加えた八方だしに漬け込む。

ご飯

◎鯛焼き霜棒ずし／梅蕪

【作り方】タイはおろし身を用意し、皮目をさっと焼き、すぐさま氷水にとって冷まし、水気をふく。濡れ布巾の上にタイの皮を下にしておき、すし飯（134頁参照）をある程度まとめてからのせる。布巾で締め、形を整えたら、白板昆布をのせ、食べよく切り分ける。梅酢に漬けた蕪を添える。

◆お椀

【材料】ホタテ貝柱しんじょ　ホタテ焼き霜　蓮根　うるい　黄柚　松葉柚子

【作り方】

1 ホタテのすり身を用意し、100gに対し、山芋20g、卵白大さじ1、酒少量、昆布だし約100mℓを加えてすり混ぜる。適量を丸く取り、だしで炊いておく。

2 ホタテ貝柱は2枚にへぎ、表面をさっと焼いて氷水で冷ます。

3 お椀にホタテしんじょとホタテ焼き霜を重ねて盛り、下処理した蓮根、うるい、松葉柚子をあしらい、吸い地（108頁参照）を張る。

「集い・祝いの弁当」、「仕出し・持ち帰りの弁当」作り方と解説

第二章「集い・祝い・行事の趣向弁当」では、まず身内や仲間内の祝いごとをはじめ、各種の集いに相応しい弁当の仕立て例を紹介しました。

とくに改まった席でない場合には、新しさのある演出や面白みのある趣向なども、場を楽しくするのにひと役買います。

続いて、節句やお節料理など、伝統的な行事の日の料理の例を紹介していますが、これらもまた伝統を踏まえながら新しい試みを少しプラスして、喜ばれる工夫を施したものです（これらは献立例として紹介しています）。

そして三章では「仕出し・持ち帰りの弁当」の例を、いわゆるワンウェイ容器を用いて紹介しております。これは各種の法要をはじめ、会食などから、気軽なランチボックス風に至るまで、現在需要の多いもので、デザインや用途も多彩なものがあります。

以上、第二章・三章で紹介している各料理は、用途用向きは多様に及んでいますが、第一章「四季の趣向料理」にて紹介している料理をベースに、器づかいや盛りつけに変化を持たせることで魅力に富ませたものも多くあります。

弁当の料理には、器づかいや調味・調理において何かしらの制約があり、逆にそれは利点でもあり、自店の料理で趣向の幅を広げて頂ければと思います。

※本章では、新たに紹介した料理の作り方を紹介しています。第二章「集い・祝い・行事の趣向弁当」、第三章「仕出し・持ち帰りの弁当」で紹介している料理のうち、よく似た料理、すでに類似の料理が既出の場合、その頁数を付記しています。ご参照ください。

※なお「造り」に関してはカラー102頁と103頁をまずご参照ください。青みやあしらいは、一部省いて紹介しています。

◇◇祝い・集いの弁当

花見の宴弁当　54頁

一の重

◎だし巻き卵（118頁参照）
◎真名鰹西京焼き（133頁参照）
◎鮭祐庵焼き（133頁参照）
◎常節の旨煮（130頁参照）
◎すり身の替わり揚げ三種（121頁参照）
◎穴子八幡巻き（159頁参照）
◎アスパラ梅酢漬け（117頁参照）
◎蓮根甘酢漬け（117頁参照）

二の重

◎野菜の煮物（112頁参照）
◎鯛の子含め煮（115頁「鱈の子含め煮」参照）
◎こんにゃく手綱（133頁参照）
◎鮭昆布巻き（152頁参照）
◎海老黄身煮（138頁参照）

三の重

◎山菜と海鮮のちらしずし

【材　料】エビ　タコ　サヨリ　サーモン　干し椎茸含め煮（132頁参照）　人参の煮物（112頁参照）　こんにゃくの煮物（133頁参照）　こごみ　わらび　蕗　筍　絹さや　錦糸卵　すし飯（134頁参照）

【作り方】

1 エビは塩茹でしてから食べよく切る。タコは塩茹でして小さく切る。サヨリは立て塩につけたのち酢洗いし、皮を引いて食べよく切る。サーモンは食べよい大きさに切る。

2 椎茸、人参、こんにゃくの煮物はそれぞれ細かく刻む。

3 筍はアクを抜いてから野菜八方だしにつける。

4 すし飯をお重に広げ入れ、準備した1～4の具を彩りよくのせる。

夏の酒肴大皿盛り 56頁

◎百合根ほおずき釜

【作り方】百合根をさっと焼いたのち、梅肉で和え、ほおずき釜に盛る。

◎青唐辛子の射込み

【作り方】青唐辛子は天地を切り落として、調味したすり身を射込む。これを素揚げしてから八方だしで煮る。

◎真名鰹の西京焼き（133頁「味噌床」参照）
◎大徳寺麩の煮物
◎茹で海老（139頁参照）
◎だし巻き卵（118頁参照）
◎太刀魚ろう焼き（134頁「黄身焼き」参照）
◎鰻蒲焼き
◎花蓮根甘酢漬け（117頁参照）
◎野菜の煮物
（里芋、手綱こんにゃく、茄子、椎茸（112頁参照））
◎丸十蜜煮（132頁参照）
◎穴子の鳴門巻き（145頁参照）
◎貝柱のマヨネーズ梅酢和えトマトカップ（145頁参照）
◎鮎味噌射込み焼き（145頁参照）
◎そら豆

◎枝豆

【作り方】枝豆は両端を切り整えて塩ずりをし、ほどよく茹でる。

◎生姜甘酢漬け（117頁参照）
◎アスパラガス梅酢漬け（117頁参照）

春の酒肴 かご盛り合わせ 58頁

◎山菜天ぷら（120頁参照）

◎煮豚

【作り方】豚肩ロース肉か、豚バラ肉は塊で用意し、皮目を焼いて脂を落とし、おからを入れた水で5～6時間茹でる。さらに湯で30分程度茹でる。煮汁は酒と水を合わせて8カップとし、濃口醤油1、砂糖1の割合で合わせて煮込んでいく。最後にみりんを加えて煮て仕上げる。

◎だし巻き卵（118頁参照）
◎穴子たれ焼き（151頁参照）
◎鮭の有馬焼き（133頁参照）
◎野菜の煮物（里芋、南京、人参（112頁参照））
◎飯蛸の煮物
◎鯛の子と肝の旨煮（140頁参照）
◎そら豆
◎菜の花（140頁参照）
◎絹さや（169頁参照）
◎花びら百合根（135頁参照）

オードブル弁当 60頁

◎柿釜ごま酢和え（151頁参照）
◎穴子治部煮
◎鱈の真子の煮物（115頁参照）
◎野菜の煮物（茄子、南瓜、大根、人参、オクラ、海老芋（112頁参照））
◎穴子たれ焼き（151頁参照）
◎焼き魚三種（133頁参照）
◎替わり衣揚げ（121頁参照）
◎栗甘露煮（133頁参照）
◎揚げしめじ（150頁参照）
◎焼き蓮根（121頁参照）

旬彩菜巻き弁当 62頁

【材料】ご飯　野菜（エンダイブ　サラダ菜　きゅうり　スプラウト　グリーンアスパラガス　ホワイトアスパラガス　セロリ　赤・黄パプリカ）

◇具（タイ　タチウオ　茹でダコ　鰻蒲焼き　茹で車エビ　ハム）

◇肉味噌（鶏挽き肉　鉄火味噌、または白玉味噌（133頁参照）　豆板醤）

◇わさびドレッシング（割合／サラダ油2・酢1　塩・胡椒、おろしわさび各適量）

◇マヨネーズドレッシング（マヨネーズを酢適量で溶きのばす）

◇梅肉ドレッシング（割合／梅肉1・酢0.5・サラダ油0.5の　砂糖・濃口醤油各少々）

◇ごま醤油ドレッシング（サラダ油200㎖　酢100㎖　ごま油大さじ2　濃口醤油50㎖　砂糖大さじ1　切りごま大さじ1）

【作り方】

1 ご飯は野菜に巻きやすいよう、棒状にまとめてにぎる。

2 野菜は、それぞれ食べやすく切る。二色のアスパラガスは湯がいてから縦半分に切る。きゅうり、セロリも細いスティック状に切る。赤・黄色のパプリカはせん切りにする。

3 肉味噌は、鶏ひき肉をそぼろにして、鉄火味噌、または白玉味噌を混ぜ、豆板醤でピリ辛に調味する。

4 ご飯や具を彩りよく置き、好みのドレッシングをかけて食べる。

中華弁当　64頁

◎焼き豚

【材　料】豚バラ肉（ブロック）1本　漬けだれ※適量　A（玉ねぎ、セロリ、パセリ、人参など各適量）　黄色パプリカ　みょうがの甘酢漬け（135頁参照）

※漬けだれは、醤油250g、酒300g、オイスターソース250g、砂糖450g、塩15g、水飴200g、ねぎの青い部分・生姜各適量を合わせたもの。

【作り方】

1 漬けだれに適当に切ったAの野菜を一緒に合わせておく。

2 豚バラ塊肉は、フォークなどで数カ所刺してから、たこ糸で肉を縛る。

3 2の豚肉を1の漬けだれに5時間程度漬ける。

4 豚肉を取り出して、オーブンで約30分焼いたら、取り出して肉を約30分休ませ、最後に水飴を水で薄めたものをぬって高温で約10分焼く。スライスして、黄色パプリカとみょうがの甘酢漬けを添える。

◎黄色パプリカ、みょうが甘酢漬け（135頁参照）

◎鶏肉の味噌炒め

【材　料】鶏もも肉　赤・緑ピーマン　胡瓜と人参の甘酢漬け（下段参照）の漬け汁　八丁味噌、醤油、オイスター、酒、胡椒、ねぎ、生姜、にんにくのみじん切り

【作り方】

1 一口サイズに切った鶏もも肉に塩、胡椒、酒で下味をつけて一口サイズに切り、酒、胡椒で下味をつける。

2 鍋に油を入れてねぎと生姜のみじん切りを炒めたら赤・緑ピーマンのみじん切りを加えて炒める。鶏肉を加えて火を通し、味噌（あれば甜麺醤）、醤油、酒、胡椒を合わせて炒め合わせる。

◎茹で鶏の葱生姜ソース和え

【作り方】

1 茹で鶏を作る。鶏むね肉、ねぎの青い部分、生姜の薄切り、水を鍋に入れて火にかける。沸騰したら火を弱め、5～6分煮て火を止め、そのまま30分程度おいて自然に冷ます。

2 葱生姜ソースを作る。生姜のみじん切りに塩適量を加えて熱々に熱したオリーブ油をまわしかけて香りを出したら、ねぎの青い部分のみじん切り、昆布茶少々を加えて混ぜる。

3 1の鶏肉を細くさいて2の葱生姜ソースで和える。

◎胡瓜と人参の中華風甘酢漬け

【作り方】きゅうりは拍子木切りに、人参は細切りにして塩をふり10分程度おく。余分な水分をきって甘酢と合わせ、生姜のせん切り、赤唐辛子の小口切りをのせる。ごま油を熱々に熱して生姜のせん切りの上にジュッとかけて全体を混ぜる。

◎海老チリソース炒め

【材　料】エビ（無頭殻付き）　塩、片栗粉　胡椒　酒、卵白　サラダ油　チリソース※

※チリソースは、湯むきしたトマトの粗みじん切り100g、トマトケチャップ80g、塩3g、豆板醤5g、砂糖20g、とんかつソース10g、酢3gを合わせて加熱したもの。

【作り方】

1 エビは尾を残して殻をむいて背側から開き、塩と片栗粉をもみ込んで水洗いして臭みをとりのぞいて水気をふく。エビに塩、胡椒、酒で下味をつけ、卵白少々をもみ込んだら片栗粉を加えてよく混ぜ、最後にサラダ油少々をなじませておく。

2 1のエビを低温で油通しして、七割程度火を通して取り出しておく

3 鍋に油を入れ、ねぎ・生姜・にんにくのみじん切りを入れて炒め、香りを引き出したらチリソースを加えて炒め合わせ、1のエビを戻し入れて手早くからめて仕上げる。

◎干し海老といんげんの炒め物

【作り方】干しエビは水に漬けて戻しておく。いんげんは食べやすい長さに切り、油通ししておく。鍋に油を入れてにんにくと生姜のみじん切り、戻した干しエビを炒めて香りを引き出したら、いんげんを戻し入れてよく炒める。醤油、酒、塩、胡椒で味付けをし、仕上げに油をまわし入れる。

◎酢豚の梅ソース

【材　料】豚ロース肉（ブロック）塩　酒　胡椒　片栗粉　梅ソース※　ごま油

【作り方】

1 ひと口大に切った豚ロースに塩、酒、胡椒で下味をもみ込んで片栗粉をまぶし、中温の揚げ油で揚げる。

2 鍋に梅ソースを入れて火にかけ、1の豚肉を戻し入れて全体にからめる。仕上げにごま油をまわし入れる。

※梅ソースは梅肉4個分、ケチャップ13g、水18㎖、酢30㎖、砂糖130gを合わせたもの。

◎烏賊ときくらげのめんつゆ炒め

【作り方】イカは松笠に切り込みを入れて一口大に切り、酒、胡椒、生姜の絞り汁で下味をつけて油通しをする。にんにくの芽は3㎝長さに切って油通しをする。

きくらげもさっと油通ししておく。鍋に油を入れ、ねぎのみじん切りを炒めたら、油通しをしたイカ・にんにくの芽、きくらげを戻し入れて手早く炒め合わせ、醤油、酒、めんつゆで調味する、仕上げに水溶き片栗粉を加えてまとめ、ごま油をまわし入れて仕上げる。

◎中華風おこわ　蓮の葉包み

【材料】もち米　焼き豚　豚バラ肉　腸詰　干しエビ　干し貝柱　干し椎茸　生姜　松の実　鶏ガラスープ、戻し汁、酒、醤油、胡椒、五香粉、オイスターソース

【作り方】

1 もち米を水につけてから蒸しておく。干しエビ、干し貝柱、干し椎茸はそれぞれ水で戻す。戻し汁はとっておく。

2 干しエビは粗みじんに切り、貝柱はほぐし、椎茸、腸詰、焼き豚、豚バラ肉はそれぞれ1cm角に切る。

3 鍋にサラダ油を熱して生姜を炒め、**2**の具と松の実を加えて炒める。鶏ガラスープ、戻し汁、酒、醤油、胡椒、五香粉、オイスターソースを加え、汁気がなくなるまで炒めたら皿などに広げて冷ます。

4 **1**で蒸したもち米と**3**を混ぜ合わせて蓮の葉で包み、蒸気のあがった蒸し器に入れ、30〜40分蒸す。

そば会席弁当膳

66頁

八寸

◎太刀魚のたれ焼き
◎烏賊すり身の美人粉揚げ（121頁参照）
◎茹で海老
◎細魚の手綱焼き（117頁参照）
◎穴子八幡巻き（159頁参照）
◎蛍烏賊の酢味噌がけ（137頁参照）
◎茶福豆（132頁参照）

煮物

◎海老の黄身煮（138頁参照）
◎手綱こんにゃく（133頁参照）
◎ふき、ごぼう、小芋の炊き合わせ
◎蛸の柔らか煮（131頁参照）
◆造り／鯛　細魚　烏賊　蛸
（大根　菜の花　ワカメ　はす芋）
◆食事／そば（大根おろし、煎りごま、青ねぎ）

仕出し・持ち帰りの弁当

松花堂弁当

78頁

奥・左

◎すり身黄身揚げと美人粉揚げ（121頁参照）
◎鴨ロース（114頁参照）
◎酢取りみょうが（135頁参照）

奥・右

◎鰻巻き卵（88頁参照）
◎蛸の柔らか煮（131頁参照）
◎穴子たれ焼き（151頁参照）
◎鰆柚香焼き（133頁「祐庵地」参照）
◎手綱こんにゃく（133頁参照）
◎穴子鳴門巻き（144頁参照）

手前・左

◎かやくご飯

【材料】米1カップ　鶏肉　しめじ　油揚げ　人参　こんにゃく　炊き込みごはんのだし（だし15・酒1・みりん0.8・薄口醤油1・塩少量の割合で合わせてとったもの）　錦糸卵　グリーンピース

【作り方】

1 鶏肉は一口に切る。椎茸としめじは、それぞれ石づきをとり、細かく切って湯通しをする。細切りにした人参、こんにゃく、油揚げも同様に湯通しする。

2 **1**の具を炊き込みごはんのだしで煮て味を含ませておく。

3 といだ米に**2**の煮汁を目盛りに合わせて入れ、炊飯する。

手前・右

◎鯛そぎ造り
◎太刀魚短冊造り
◎間八引き造り

幕の内弁当

80頁

奥・左

◎鰻巻き卵（119頁参照）
◎蛸の柔らか煮（131頁参照）
◎手綱こんにゃく（133頁参照）
◎ミニオクラ（157頁「野菜八方だし」参照）

奥・中

◎帆立替わり衣揚げ（121頁参照）
◎だし巻き卵磯辺巻き（119頁参照）
◎枝豆塩茹で

奥・右

◎炊き合わせ〔茄子　木の葉南瓜　すずこ（破竹）
穴子鳴門巻き　里芋含め煮　絹さや〕

手前・左

◎真名鰹西京焼き（133頁「味噌床」参照）
◎花蓮根甘酢漬け（117頁参照）
◎みょうが甘酢漬け（135頁「甘酢漬け」参照）
◎そら豆（130頁「野菜八方だし」参照）

手前・中央

◎鯛そぎ造り　◎鱧落とし
◎蛸　大根　人参　大葉

手前・右

◎鴨ロース（114頁参照）
エンダイブ　黄パプリカ　トマト

ご飯

◎ちらしずし（123頁参照）

祝いの仕出し弁当

82頁

奥・左

◎鮭有馬焼き（133頁「有馬焼き」参照）
◎鰆祐庵焼き（137頁参照）
◎穴子白煮（131頁参照）
◎小鯛すずめ焼き（117頁参照）
◎烏賊黄身衣焼き（134頁参照）
◎穴子博多袱紗寄せ（152頁参照）
◎だし巻き卵（118頁参照）
◎アスパラガス梅酢漬け（117頁参照）
◎花百合根蜜煮（132頁「豆の蜜煮」参照）
◎ひさご長芋（135頁参照）
◎黒豆松葉刺し　金箔（132頁「豆の蜜煮」参照）

◎花人参と花大根の煮物

【作り方】人参と大根はそれぞれ皮をむいて、ねじり梅にして下茹でする。人参は八方だしで煮含め、大根は白八方だしで煮含める。

◎楽京赤ワイン漬け

【作り方】らっきょうと赤ワイン入りの甘酢で漬ける。

◎木の葉丸十

【作り方】さつま芋は、皮つきのまま木の葉形に抜いて素揚げにする。

奥・右

◎車海老芝煮（115頁参照）
◎飛龍頭含め煮（115頁参照）
◎すだれ麩含め煮（150頁参照）

◎貝柱黄身煮
（138頁「海老黄身煮と南京、小芋の炊き合わせ」参照）
結び昆布　金針菜　いんげん

手前・左

◎握りずし〔雲丹、イクラ、甘海老、数の子〕
◎生姜甘酢漬け（117頁参照）

手前・中

◎ひじき初霜和え（150頁参照）
◎はりはり漬け
◎鮭の鳴門巻き（104頁参照）
◎針魚手綱焼き（117頁参照）
◎イクラ
◎花蓮根甘酢漬け（117頁参照）

手前・右

◎横輪角造り
◎烏賊糸造り
◎細魚色紙造り

祝いの仕出し弁当

84頁

奥・左

◎だし巻き卵（118頁参照）
◎常節の旨煮（131頁参照）
◎子持ち鮎煮びたし（156頁参照）
◎秋刀魚有馬焼き（133頁参照）
◎鱧照り焼き（145頁「焼き鱧と焼き鮎の棒ずし」参照）
◎百合根茶巾絞り（152頁参照）
◎手綱こんにゃくしぐれ煮（133頁参照）

◎枝豆
◎ひじき初霜和え（154頁参照）
◎ホワイトアスパラガス梅酢漬け（117頁参照）
◎紅葉人参（52頁参照）

奥・右

◎鯛そぎ造り　◎横輪引き造り
◎烏賊切り掛け造り　大葉　花穂じそ　より島人参

手前・右

◎海老黄身衣揚げ（137頁参照）

◎椎茸の美人粉揚げ

【作り方】
1 椎茸は石づきをとって傘の内側に小麦粉をはたき、白身魚のすり身を詰め、小麦粉を薄くまぶして卵白にくぐらせて美人粉をまぶしつける
2 中温の油で色づかないように揚げる。

◎島人参、長芋、菜の花天ぷら
◎松葉しめじ

手前・左

◎かっぱ巻き／鉄火巻き／稲荷ずし／鯖磯辺巻き／箱ずし
◎生姜甘酢漬け（135頁参照）

不祝儀の仕出し弁当

86頁

奥・左

◎平目そぎ造り　大葉
いちょう人参　唐草きゅうり

奥・右

◎海老替わり衣揚げ（121頁参照）
◎海老黄身衣揚げ（137頁参照）
◎菜の花　島人参　蓮根の天ぷら（120頁「天ぷら衣」参照）

◎裏白椎茸

【作り方】椎茸は石づきをとって傘の内側に小麦粉をはたき、白身魚のすり身を詰めて揚げる。

◎万願寺唐辛子素揚げ

【作り方】万願寺唐辛子は天地を切り落として種をとり、縦半分に切って素揚げにする。

手前・左

◎黒豆ご飯

【作り方】黒豆は水煮にしたものを八方だしで煮含める。ご飯を詰めて、煮含めた黒豆をのせる。

手前・中央

◎鰆祐庵焼き（133頁「祐庵焼き」参照）
◎鮭有馬焼き（133頁「有馬焼き」参照）
◎花蓮根甘酢漬け（117頁参照）
◎甘鯛一夜干し（133頁参照）
◎烏賊黄身衣焼き（134頁参照）
◎蛸松葉刺し
◎穴子博多袱紗寄せ（152頁参照）

◎貝柱バター焼き

【作り方】貝柱は塩・胡椒して小麦粉をふり、サラダ油でさっと焼く。仕上げにバター少々を落とす。

◎枝豆塩茹で
◎だし巻き卵（118頁参照）
◎しめじポン酢漬け金柑釜（153頁参照）

［手前・右］

◎海老芋、蕪、ごぼう、こんにゃくの田舎煮（132頁参照）
◎飛龍頭含め煮（115頁参照）
◎すだれ麩含め煮（150頁参照）
◎南京含め煮（166頁参照）

◎絹さや

【作り方】さっと茹でてから吸い地につける。

◎焼き白葱

【作り方】白ねぎを食べやすい幅に切り、香ばしく焼く。

◎ひじき初霜和え（150頁参照）
◎栗甘露煮（133頁参照）

◎鰤奉書巻き

【作り方】
1 ブリは上身を用意し、1.5cm角の棒状に切る。
2 大根をかつらむきにしてブリを巻いて奉書巻きにし、煮汁〔割合／だし4、煮酒2、みりん1、濃口醤油1、たまり醤油0.2、砂糖0.3〕でサッと炊く。
3 奉書巻きを取り出して汁気をきり、食べやすい幅に切り分ける。

折詰趣向弁当

88頁

一列目

◎松笠烏賊の揚げ出し スナップえんどう

【作り方】小イカは松笠に切り込みを入れて小麦粉をまぶし中温の油で揚げ、漬け地〔割合／だし6、濃口醤油・薄口醤油各0.5、みりん1〕に漬ける。

◎さつま揚げ 三色パプリカ甘酢漬け

【作り方】さつま揚げは食べやすい大きさに切る。パプリカはそれぞれ短冊に切り、さっと茹でて甘酢〔水200㎖、酢100㎖、砂糖50g、塩5g〕につける。

◎卵焼き

【作り方】卵地〔卵6個、だし大さじ1、薄口醤油大さじ1/2、砂糖大さじ1、塩少々、マヨネーズ小さじ1〕を合わせ、卵焼き器で焼く。

◎小芋のオランダ煮

【作り方】小芋は皮をむいて素揚げし、漬け地〔水200㎖、酢100㎖、砂糖50g、塩5g〕に漬ける。

◎ねじり梅人参

【作り方】人参を輪切りにして五角形になるように切りととのえて、梅花形にむく。花びらの部分を浅く斜めに切り取りねじり梅にしたら下煮をして、八方だしで煮含める。

◎鶏肉の照り焼き

【作り方】鶏もも肉は、皮目からこんがり焼いたら、反対側も焼き、照り焼きのたれ〔酒90㎖、濃口醤油30㎖、たまり醤油20㎖、みりん90㎖、砂糖15g〕を塗りながら照りよく焼きあげ、食べやすく切る。

二列目

◎鰻の蒲焼き

◎蓮根の鶏挽肉挟み揚げ

【作り方】鶏挽き肉150gに片栗粉大さじ1、水大さじ1、塩少々を加えて粘りが出るまで練る。これを薄切りにして茹でた蓮根で挟み、片栗粉をまぶして揚げる。

◎蟹の手まりずし

【作り方】すし飯を一口大に丸めて、酢洗い〔酢1、水2〕したカニ身をのせ、丸く形を整える。

◎合鴨のロース煮（114頁参照）

◎鮑の塩蒸し（167頁参照）

三列目

◎ミニトマトの蟹射込み

【作り方】ミニトマトは湯むきしてからヘタから果肉をくり抜く。二杯酢にゼラチンを溶かしてカニ身をくぐらせて軽く絞り、ミニトマトに射込んで冷やしておく。

◎南瓜の含め煮

【作り方】かぼちゃは食べやすく切り、八方だしで煮含める。

◎そら豆翡翠《ひすい》煮

【作り方】そら豆は、薄皮をむいてさっと塩茹でして冷水にとり、シロップ〔割合／水3、砂糖1〕に入れて3～4分煮て火を止め、粗熱をとってから冷やす。

◎ひさご麸含め煮

【作り方】ひさご麸はさっと素揚げして、八方だしで煮含める。

◎栗甘露煮（151頁参照）

◎姫松笠くわい

【作り方】くわいを六方にむいてから、松笠にむいて八方だしで煮含める。

◎焼き穴子の手まりずし

【作り方】アナゴのたれ焼きを用意し、一口大に切る。すし飯を一口大にまるめてアナゴのたれ焼きをのせて形を整える。

四列目

◎穴子南蛮漬け

【作り方】アナゴは下処理をして骨切りをして霜降りにし、片栗粉をつけて揚げる。これを南蛮地〔だし250㎖、酢50㎖、薄口醤油・みりん各30㎖、塩小さじ1/3、赤唐辛子2本〕に漬け込む。

◎明日葉天ぷら

【作り方】明日葉に天ぷら衣をつけ、からりと揚げる。

◎穴子の柔らか煮

【作り方】アナゴは皮のぬめりを除き、経木を敷いた鍋に並べおき、煮汁〔だし1ℓ、酒200㎖、みりん120㎖、薄口醤油80㎖、砂糖90g〕で煮含める。

◎こんにゃく炒り煮

【作り方】こんにゃくは、食べやすい大きさに切ってフライパンで煎って水分を飛ばし、ごま油少々で炒めてから煮汁〔割合／だし4、みりん1、薄口醤油1、砂糖0.5〕で煎り煮にする。

◎鮭西京漬け焼き

【作り方】サケは切り身を用意して薄く塩をふってしばらくおき、出てきた水気をふく。これを西京漬け床に1～2日漬けて取り出し、余分な味噌をぬぐいとってこんがりと焼きあげる。

◎鰻の雅巻き

【作り方】桂むきにした大根を立て塩につけてから甘酢に漬ける。パプリカは真っ黒に焼いて冷水にとって皮をむき、甘酢に漬ける。桂むきにした大根で錦糸卵、棒状に切った鰻の蒲焼き、パプリカの甘酢漬けを芯にして巻き、食べやすい幅に切る。

◎間八南蛮漬け

【作り方】カンパチは食べやすい大きさに切って素揚げし、南蛮地（166頁「穴子南蛮漬け」参照）に漬ける。

◎帆立の塩焼き

【作り方】ホタテは酒、塩をふって炙り、外はカリッと中はレアの状態に焼きあげる。

◎生ハム奉書巻き

【作り方】金時草はさっと茹でて水気を絞り、吸い地に浸す。金時草のおひたしの汁気を絞って芯にして生ハムで巻く。

折詰趣向弁当（小）　89頁

一列目

◎ひと口ちらし

【作り方】すし飯を一口大に丸めて錦糸卵をちらし、イクラ、塩鮭のほぐし身をのせる。塩茹でしたスナップえんどうを斜め小口切りにして添える。

◎生ハム奉書巻き

【作り方】金時草はさっと茹でて水気を絞り、吸い地に浸す。金時草のおひたしの汁気を絞り、これを芯にして生ハムで巻く。

◎栗甘露煮（151頁参照）

◎鮑の塩蒸し

【作り方】アワビは塩みがきをして殻から身をはずし、塩もみする。水洗いをしたら、酒と塩をふってしばらくおき、蒸気のあがった蒸し器で柔らかくなるまで蒸す。蒸しあがったら、そのまま冷まし、食べやすい幅に切り分ける。

◎いちょう丸十

【作り方】さつま芋は皮付きのままいちょう形に抜いて、水にさらし、下茹でをしてからシロップ〔割合／水2、砂糖2〕で蜜煮にする。

◎帆立南蛮漬け

【作り方】ホタテはさっと炙って、南蛮地（166頁「穴子南蛮漬け」参照）に漬ける。

◎ねじり梅人参（170頁「梅人参」参照）

二列目

◎蓮根の鶏挽肉挟み揚げ（166頁参照）

◎焼き長芋　赤ピーマンと玉ねぎのマリネ

◎豚角煮（174頁参照）

◎銀杏

【作り方】ぎんなんは殻を割り、実を素揚げして塩をふる。

◎蓮根甘酢漬け（170頁参照）

◎青ずいき含め煮

【作り方】青ずいきは皮をむいて、さっと塩茹でして冷水にとり、吸い地に漬ける。

◎蟹の砧巻き

【作り方】カニ身を二杯酢で和え、甘酢に漬けた大根の桂むきで巻く。

◎鰯甘露煮

【作り方】イワシは尾頭付きのまま素焼きにし、冷ましてから経木を敷いた鍋に並べる。煮汁〔だし800㎖、酒200㎖、酢80㎖、砂糖大さじ1、濃口醤油80㎖〕をひたひたに注いで、20～30分煮たら、たまり醤油20㎖、みりん80㎖を加えて汁気がなくなるまでじっくり煮る。

◎二色パプリカの甘酢漬け

【作り方】赤色と黄色のパプリカは、それぞれ短冊に切ってサッと熱湯に通し甘酢に漬ける？

◎穴子南蛮漬け（166頁参照）

◎赤ピーマンと玉ねぎの甘酢漬け

【作り方】赤ピーマンは短冊の薄切りに、玉ねぎも薄切りにして、甘酢に漬ける。

◎蕗の信田揚げ

【作り方】ふきは水煮したものを用意し、油抜きをし油揚げに入れて、戻したかんぴょうで結んで止める。これを素揚げして、塩をふる。

◎鮭西京焼き（167頁参照）

◎ミニトマトの蟹射込み（166頁参照）

◎合鴨ロース煮（114頁参照）

◎卵焼き（166頁参照）

丸わっぱ弁当　90頁

上段

◎ヤングコーン

【作り方】さっと塩茹でしてから吸い地につける。

◎二色パプリカ

【作り方】黄色と赤色のパプリカは、それぞれ短冊に切り、サッと塩茹でしてから甘酢に漬ける。

◎いんげん

【作り方】サッと塩茹でしてから吸い地につける。

◎小芋含め煮

【作り方】小芋は皮をむいて、八方だしで煮含める。

◎姫松笠くわい（166頁参照）

◎南京含め煮

【作り方】かぼちゃは、皮をむいて八方だしで煮含める。

◎長芋の梅肉大葉巻きフライ

【材　料】長芋　豚薄切り肉　梅肉　大葉　溶き卵　パン粉　揚げ油

【作り方】

1 豚薄切り肉を広げて梅肉をにぬって大葉をのせる、

2 長芋を拍子木に切って1にのせ、芯にして巻く。溶き卵にくぐらせてパン粉をつけ、色よく揚げる。

◎胡瓜のサーモンマヨネーズ巻き

【作り方】きゅうりを縦四等分に切り、マヨネーズをぬり、スモークサーモンで巻く。

◎鶏肉といんげんの湯葉巻き

【材　料】鶏ささみ肉　いんげん　生湯葉　塩、胡椒

【作り方】

1 鶏ささみ肉は切り開いて薄くのばし、塩、こしょうをする。いんげんはサッと塩茹でする。

2 鶏肉でいんげんを芯にして巻き、上から生湯葉を巻きつけて揚げる。

◎ロールキャベツ

【材　料】豚バラスライス　塩、こしょう　かんぴょう（戻したもの）　コンソメスープ

【作り方】

1 キャベツの葉をはがして、さっと茹でて水気をふいておく。

2 豚バラ肉の薄切りを広げて、塩、こしょうをふって手前からくるくると巻く。

3 1のキャベツで2の豚肉を包んで、かんぴょうで結んで止める。

4 コンソメスープで2を煮含めて汁気をきる。

◎ブロッコリー

【作り方】小房に切り分けて塩茹でし、吸い地につける。

下段

◎蓮根甘酢漬け

【作り方】蓮根は半月に切って塩茹でしてから甘酢に漬ける。

◎いちょう丸十蜜煮

【作り方】さつま芋を皮付きのままいちょう形に抜いて、くちなしの実を加えて下茹でして色をつけてから蜜煮にする。

◎焼き長芋（169頁参照）

◎みょうがの甘酢漬け

【作り方】みょうがを熱湯でさっと茹でてざるにあげて薄塩を当てる。粗熱をとって、甘酢に漬け込む。

◎カリフラワー（169頁参照）

◎豚肉のチーズ利休揚げ

【作り方】豚ロースライス肉を広げて塩・こしょうをしてチーズを挟む。小麦粉、卵白の順につけ、白ごまをたっぷりとまぶして揚げる。

◎豚肉の南京利休揚げ

【作り方】豚ロースライス肉を広げて塩・こしょうをして、スライスしたかぼちゃを挟む。小麦粉、卵白の順につけ、黒ごまをたっぷりとまぶして揚げる。

◎梅形物相飯

【作り方】ご飯にしば漬けを混ぜ、梅形に押す。

わっぱ二段弁当

91頁

手前

◎常節天ぷら

【材　料】トコブシ　煮汁（割合／だし10　濃口醤油1・酒1　みりん1　砂糖少量の割合）　ミルク入り天ぷら衣（小麦粉40g　水80㎖　生クリーム15㎖）

【作り方】

1 トコブシは塩みがきをして殻から身をはずし、くちばしをとりのぞいて煮汁で含め煮にする。

2 ミルク入り天ぷら衣の材料で衣を作り、1のトコブシにつけて揚げ、殻に盛る。

◎榎木ベーコン巻き

【作り方】えのきだけは石づきを切り落として、食べやすい分量を束にしてベーコンを巻いて楊枝で止め、ベーコンがこんがりするまで焼く。

◎海老馬鈴薯衣揚げ

【材　料】エビ（有頭殻付き）　じゃが芋　つくね芋（すりおろす）　塩　揚げ油

【作り方】

1 じゃが芋は、ごく細いせん切りにして水にさらして水気をよく切る。

2 エビは頭と尾を残して殻をむき、小麦粉をまぶしてから、すりおろしたつくね芋をつけ、1のじゃが芋のせん切りを衣としてつけて色よく揚げる。

◎鱚と長芋の梅肉しそ玄米揚げ

【材　料】キス　梅肉　大葉　玄米　小麦粉　卵白　塩　揚げ油

【作り方】

1 キスはおろし身を用意して塩をふる。身側に梅肉をぬって大葉をのせる。

2 拍子木に切った山芋を芯にして巻き、小麦粉をまぶして卵白をつけ、砕いた炒り玄米をまぶしつけて色よく揚げる。

◎帆立と南京のあられ揚げ

【材　料】ホタテ貝柱（生）　かぼちゃ　小麦粉　溶き卵　塩　ぶぶあられ　揚げ油

【作り方】

1 ホタテは厚み半分に切って軽く塩をふる。かぼちゃはホタテと同じ大きさに切り、八方だしで煮ておく。

2 ホタテとかぼちゃを一枚ずつ重ねて一組にする。小麦粉、溶き卵の順につけて、ぶぶあられをまんべんなくまぶしつけ、色よく揚げる。

◎鰯の大葉揚げ

【作り方】イワシをおろし身にして天ぷら衣をつけて、刻んだ大葉をまぶしつけて揚げる。

◎焼き長芋

【作り方】長芋は皮付きのまま焼き目をつけてサッと茹でてから濃口八方だしで煮含めて汁気をきり、半月切りにする。

◎卵焼き

【材料】卵3個　砂糖大さじ1　白だし大さじ1　水溶き片栗粉（水大さじ2、片栗粉小さじ1）　薄口醤油少々

【作り方】材料をすべて合わせて混ぜて卵液を作り、油をなじませた卵焼き器に適量流し入れ、くるくると巻いて手前に寄せる。再び卵液を流し入れて同様に焼く作業を繰り返し、ほどよい大きさに巻く。焼きあがったら、巻きすに巻いて形を整え、食べやすい幅に切り分ける。

◎絹さや

【作り方】すじをとってサッと茹でて吸い地につける。

◎カリフラワー

【作り方】小房に切り分けて茹でてから吸い地につける。

◎姫竹含め煮

【作り方】姫竹はアク抜きをしてから、薄口八方だしで煮含めて、粉ガツオをまぶす。

◎鱧の葱味噌鳴門巻き

【作り方】ハモはおろし身を用意して骨切りをする。皮目を上にしておき、片栗粉をつけて肉味噌を塗り、青ねぎを芯にして鳴門に巻いて竹串で止める。天ぷら衣をつけて揚げる。

◎二色すり身団子串

【材　料】エビのすり身100g　白身魚のすり身100g　A（卵白大さじ1　山芋のすりおろし20g　昆布だし100㎖前後　酒少々）　青海苔　天ぷら衣

【作り方】エビのすり身、白身魚のすり身を用意し、それぞれAを加えてよく練り、一口大に丸める。一度茹でて火を通して串に刺し、青海苔を加えた天ぷら衣をつけて揚げる。

奥

◎長芋含め煮
【作り方】長芋は皮付きのまま含め煮にして、食べやすく切る。

◎南京含め煮
【作り方】かぼちゃは皮をむいて八方だしで煮含める。

◎小茄子の瑠璃煮
【作り方】

1 小なすはへたをぐるりと切って八方に深めに包丁を入れ、やや低めの温度で素揚げにして色止めをしたら氷水にとって、水気をふきとる。

2 濃口八方だしを火にかけ、沸いてきたら1のなすを入れてすぐに火を止め、そのまま冷ます。

◎蕪砧巻き
【作り方】かぶは薄切りにして塩をふってから甘酢漬けにする。にんじんときゅうりの拍子木切りを交互に組み合わせて芯にし、かぶの甘酢漬けで巻いて小口から切る。

◎ブロッコリー
【作り方】小房に切り分けて塩茹でして吸い地にひたし、すりごまをふる。

◎紅葉人参（170頁「梅人参」参照）

◎青ずいき含め煮
【作り方】ずいきはさっと茹でてから吸い地にひたす。

◎木の葉馬鈴薯
【作り方】じゃが芋は皮をむいて木の葉形に抜いて吸い地で煮含める。

◎菊花蕪甘酢漬け
【作り方】かぶの皮をむいて天地を厚めに切り落とし、細かい格子状に深く切り込みを入れる。かぶが大きい場合は、口に入れやすい大きさに切り、立て塩に漬けてしんなりさせる。しっかり水気をしぼってから赤唐辛子の小口切り入りの甘酢に漬け込む。

◎果物

（干し杏子、キウイ、グレープフルーツ　オレンジ　ぶどう）

◎小芋含め煮
【作り方】芋は皮をむいて、八方だしで煮含める。

◎ひさご麩含め煮
【作り方】ひさご麩を素揚げして熱湯で油抜きをしてから八方だしで煮含める。

◎鶏つくね
【作り方】鶏ひき肉に、つくね芋のすりおろし、卵を加えてよく練る。小さく丸めてサッと茹でて引き上げ、八方だしで煮含める。

◎みょうが甘酢漬け
【作り方】みょうがを熱湯でさっと茹でてざるにあげて薄塩を当てる。粗熱をとって、甘酢に漬け込む。

◎蓮根甘酢漬け
【作り方】蓮根は皮をむいてスライスし、酢水につけてからさっと茹でる。粗熱がとれたら甘酢に漬け込む。

◎二色パプリカ甘酢漬け
【作り方】黄色と赤色のパプリカは、それぞれ短冊に切り、さっと茹でてから甘酢に漬け込む。

◎丸形物相ご飯
【作り方】ご飯を丸形に入れて押して抜き、黒ごまをふる。

そば・うどん弁当

そば引き出し弁当

92頁

上段

◎柿卵
【作り方】温泉卵の黄身の部分だけを醤油（または味噌）に漬け込んで1日ほどおき、黄身が透き通ったらできあがり。

◎焼き秋刀魚
【作り方】秋刀魚は、片身を横三つに割り、三つ網にしてから塩焼きにする。

◎芋雲丹焼き
【作り方】里芋の旨煮（171参照）を横半分に切り、生ウニをのせて焼き上げる。

◎梅人参
【作り方】人参は梅型にむいて煮汁〔白だし240㎖、薄口醤油・みりん各30㎖の割合で合わせたもの〕で柔らかくなるまで炊く。

◎そばだしのだし巻き卵

【材 料】卵3個 そばだし※50㎖

【作り方】卵を溶きほぐし、そばだしを加えて混ぜ、だし巻き卵にする。

※そばだし／白だし3.5に、返し1の割合で合わせたもの。

※白だし／水18ℓ、羅臼昆布40g、うるめ200g、サバ節300g、メジ節200gでとっただし

※返し／ザラメ糖400g、みりん5.4ℓ、濃口醤油1.8ℓ。たまり醤油2ℓを合わせたもの。

◎里芋の旨煮

【作り方】里芋は、皮をむいて米のとぎ汁茹で、竹串がスッと入るまで火を入れたら水洗いする。煮汁（だし300㎖、塩大さじ1、薄口醤油20㎖、みりん50㎖の割合）を合わせて火にかけ、下茹でした里芋を入れ、弱火でゆっくりと煮含める。

◎蛸の柔らか煮

【材 料】タコ 大根 煮汁（水3、酒2、炭酸水1、砂糖0.2、濃口醤油0.2の割合）

【作り方】

1 タコは熱湯をかけて霜降りし、水に落として汚れをとる。大根は皮をむいて食べやすい大きさに切る。

2 煮汁の材料の水、酒、炭酸水を合わせ、タコと大根を加えて柔らかくなるまで煮る。

3 煮汁が1/5量くらいになったら、煮汁の砂糖と濃口醤油を加えて、ゆっくり味を含めてそのまま冷ます。

◎オクラ

【作り方】オクラは、塩ずりをしてサッと茹でて冷水に落とす。漬け汁〔白だし300㎖、塩大さじ1、薄口醤油10㎖〕を作り、オクラが冷めてから二度漬けする。

◎海老・目鯒天ぷら

【作り方】尾付きのまま殻をむいたエビと、おろしたメゴチは、打ち粉をして天ぷら衣〔天ぷら粉150gに冷水180㎖を加えて軽く混ぜたもの〕適量をつけ175℃の油で揚げて塩をふる。

◎烏賊の雲丹焼き

【作り方】イカは一口大に切って鹿の子包丁を入れて素焼きにする。八分程度火が入ったら、練りウニを卵黄でのばしたものを刷毛で塗って焼く。これを三回繰り返して仕上げる。

◎茶そば

【作り方】茶そばはほどよく茹でて水洗いする。錦糸卵は卵に水溶き片栗粉を入れてよく混ぜて弱火で薄焼きにして冷まして刻む。茶そばを盛り、錦糸卵、イクラ、トマトのコンポート※をあしらう。

※トマトのコンポート／ミニトマトを湯むきにして、水5、砂糖1の割合で合わせたシロップでゆっくり火を入れる。

下段

◎稲荷そば

【作り方】稲荷用油揚げを熱湯で油抜きをしてから水洗いして鍋に並べる。油揚げを煮汁〔白だし320㎖、薄口醤油40㎖、ザラメ糖50gの割合で合わせたもの〕に入れ、落としぶたをして味を含める。

◎果物（メロン、パイナップル、さくらんぼ）

◎祭りずし

【材 料】すし飯〔ご飯1合分、酢大さじ2、砂糖大さじ1.5、塩小さじ0.5〕 錦糸卵 エビ 蓮根甘酢漬け オクラ 桜でんぶ

【作り方】すし飯（134頁参照）に錦糸卵を広げのせて、茹でて酢洗いをしたエビ、蓮根甘酢漬け（117頁参照）、オクラの小口切りを彩りよくのせる。最後に桜でんぶ（市販品）をちらす。

◎きのこご飯

【材 料】米1合 しめじ・エリンギ各適量 グリーンピース少々 A（白だし140㎖、薄口醤油10㎖、みりん10㎖、塩5g、酒小さじ1）

【作り方】

1 しめじは小さくほぐし、エリンギをあわせて小さめに切る。グリーンピースは塩茹でしておく。

2 炊飯器にといだ米を入れ、Aを米の分量に合わせて入れ、きのこを入れて炊く。仕上げにグリーンピースを散らす。

代参籠弁当

93頁

上段

◎そばだしのだし巻き卵（上段参照）

◎茄子田舎煮

【作り方】茄子は180℃の油で油通ししてから煮汁〔白だし6、濃口醤油1、みりん1の割合〕に入れて弱火で炊いて味を含める。

◎椎茸含め煮

【作り方】椎茸はさっと茹でてから、白だし240㎖

薄口醤油30mℓ、みりん30mℓで炊く。

◎真名鰹柚庵焼き
【作り方】マナガツオは食べやすい大きさの切り身にして、柚庵地〔酒3、濃口醤油1、みりん1、柚子の輪切りの割合で合わせたもの〕に約4時間漬け込む、取り出してこんがり焼き上げる。

◎こんにゃく田舎煮
【作り方】こんにゃくは茹でてざるにあげて冷ます。「茄子田舎煮」の煮汁に赤唐辛子を加えて、こんにゃくを入れて煮て味を含める。

◎芋雲丹焼き（170頁参照）
◎オクラ（171頁参照）
◎里芋の旨煮（171頁参照）

◎川海老つや煮
【作り方】川エビは素揚げしておく。鍋に酒5、みりん5、薄口醤油2の割合でを合わせて火にかける。沸いてきたら、揚げたエビを入れて全体に味をからめる。

◎絹さや（170頁参照）
◎柿卵（170頁参照）

◎紅白百合根茶巾
【作り方】百合根は、蒸してから裏ごしして砂糖と片栗粉を少々加えて練り込む。半量を食紅で色付けして、残り半量の二つを合わせてガーゼで茶巾に絞る。

◎烏賊の雲丹焼き（171頁参照）

◎栗渋皮煮
【作り方】栗は鬼皮をむいて水にさらす、鍋に栗を入れて水を入れて火にかけ、重曹を少し入れて5分ほど煮たら水にとり、皮の筋を丁寧に取る。2日ほど水にさらし、シロップ〔水10、砂糖4の割合〕で炊き上げ、仕上げに濃口醤油少々を入れて味を調える。

◎蛸の柔らか煮（171頁参照）
◎焼き秋刀魚（170頁参照）

下段・奥

◎そばずし
【材料】そば　焼き海苔　卵焼き　エビ　針絹さや
【作り方】巻きすにラップをしいて焼き海苔をのせ、茹でたそばを広げる。手前に卵焼き、茹でたエビ、絹さや（せん切りにして水洗いし、塩茹でして冷水にとり、ふり塩をしたもの）をのせて巻く。

◎秋刀魚棒ずし
【作り方】サンマはおろし身を用意して骨を抜き、塩をふって10分おく。水洗いして水気をよくふいて酢に10分漬けて酢〆にしてから薄皮をむく。すし飯（上記記載）を巻きす巻いて形を整える。〆サンマ、白板昆布※をのせてラップで巻いて、しばらくおいて落ち着かせる。食べやすく切り分けて盛る。
※白板昆布は、さっと茹でて冷ましてから甘酢（上記記載）に漬け込んだもの。

◎はじかみ生姜の甘酢漬け
【作り方】熱湯で茹でてから塩をふり、そのまま冷まして甘酢に漬け込む。

彩り讃岐うどん弁当
93頁

一列目

◎なめこうどん
【作り方】なめこのエキスが入ったうどんは茹でて、梅人参と絹さやをのせる。

◎里芋の旨煮（171頁参照）
◎温玉味噌漬け（170頁「柿卵」参照）
◎ミニトマト
◎紅白百合根茶巾（172頁上段参照）

◎讃岐うどん
【作り方】讃岐うどんをほどよく茹でて冷水にとって冷やす。錦糸卵と刻みねぎ、梅人参（178頁参照）をのせる。

二列目

◎茄子田舎煮（171頁参照）

◎ヤングコーン
【作り方】さっと茹でてから吸い地につける。

◎椎茸と牛蒡旨煮（171頁「椎茸含め煮」参照）

◎抹茶うどん
【作り方】抹茶入りのうどんをほどよく茹でて、冷水にとって冷やす。ラディッシュと赤・黄色パプリカをあしらう。

◎卵焼き（166頁参照）
◎こんにゃく田舎煮（172頁参照）

◎川海老つや煮（172頁参照）
◎丸十蜜煮（170頁参照）

三列目

◎讃岐うどん（172頁参照）
◎海老・目鯒天ぷら（171頁参照）
◎オクラ　◎梅麩

◎梅うどん

【作り方】梅肉を練り込んだうどんをほどよく茹でて冷水にとって冷やす。梅人参と絹さやを添える。
※この弁当には別添でつゆをつける。

郷土風弁当

北海帆立と鮭の彩り弁当　93頁

北海道

【材　料】米2合　生サケ100g　ホタテ70g　A（酒・水各40㎖　薄口醤油・濃口醤油各5㎖　みりん10㎖）イクラ40g　錦糸卵30g　スナップえんどう

【作り方】
1 米は洗って炊飯する。
2 サケは強めに塩をふって185℃で10分焼き、ほぐし身にする。
3 ホタテはAの調味液に20分漬け、取り出して185℃のオーブンで焼いて1個を4等分に切る。
4 ご飯と焼きサケのほぐし身を混ぜて適量を器に詰める。錦糸卵を広げてのせる。ホタテ、イクラをのせ、スナップえんどうを添える。

五平餅弁当　94頁

岐阜

【材　料】ご飯210g　塩少々　味噌だれ（赤味噌100g、砂糖120g、濃口醤油90㎖、みりん90㎖、粉ガツオ少々　ミックスナッツ70g）漬け物ステーキ※

【作り方】
1 ご飯は炊き立てのものを用意して、塩を加えて六分程度すりつぶし、3等分して丸くにぎる。
2 味噌だれの材料をすり鉢に入れて、すり混ぜる。
3 1のおにぎりに味噌だれをぬり、焦げないように焼く。器に盛り、漬け物ステーキを添える。
※「漬け物ステーキ」は白菜の古漬けをごま油で香ばしくなるまで炒めたもの。

京綾部弁当　94頁

京都・綾部

【材　料】
◇上林鶏煮しめ
鶏もも肉1/2枚　ごぼう1/2本　干し椎茸3枚　里芋2個　こんにゃく1/3枚　人参1/4本　絹さや3枚　昆布1枚　蓮根1/3節　サラダ油少々　煮汁（干し椎茸の戻し汁80㎖、濃口醤油45㎖、みりん30㎖、酒40㎖、砂糖30g、カツオだし280㎖）
◇ちりめん山椒
ちりめんじゃこ250g　酒360g　薄口醤油135㎖、濃口醤油10㎖、砂糖60g、みりん10㎖、実山椒20g）
◇丹波栗ご飯
米2合　水360㎖　酒15㎖　みりん18㎖　塩適量、むき栗200g

【作り方】

1「上林鶏煮しめ」を作る。鶏肉は一口大に切る。里芋は六方にむく。蓮根は花形にむいて切る。干し椎茸は戻して飾り切りをする。こんにゃくは手綱にする。人参はねじり梅にして八方だしで煮含めておく。鍋にサラダ油を熱して、火の通りにくいものから順に加えて炒め合わせ、煮汁を加えて照りよく煮詰める。

2「ちりめん山椒」を作る。ちりめんじゃこは熱湯をかけてざるにあげる。鍋に調味料を合わせて火にかけ、煮立ってきたら、じゃこを入れて軽く煮てざるにあげる。煮汁を少し煮詰めたら、じゃこを戻す。この作業を3回程度繰り返して汁気が少し残るくらいになったら、実山椒を加えて汁気がなくなるまで煮詰める。

3「丹波栗ご飯」を作る。米はといでざるにあげて炊飯釜に入れ、酒、みりん、塩を加えて水加減をして、むき栗を加えて炊く。
4 器に1～3を見栄えよく盛り、ちりめん山椒には食用花、煮しめには木の芽を添える。

鱧と九条葱のちらしずし　95頁

京都

【材　料】ハモ100g　米2合　すし酢（酢36㎖、砂糖42g、塩8g）　九条ねぎの佃煮（九条ねぎ2本、生姜のせん切り1/4個分　醤油小さじ2　A／酒・みりん・はちみつ各小さじ1）　てり焼きのたれ（濃口醤油・たまり醤油各20㎖、砂糖・ざらめ糖各20g、みりん40㎖、酒10㎖）　錦糸卵適量　木の芽

【作り方】
1 米をといで通常より少なめに水加減をしてご飯を炊き、すし酢を合わせておく。
2 九条ねぎの佃煮を作る。ねぎは斜め薄切りにして熱湯で20秒程度茹でて水をきって小鍋に入れ、生姜とAの調味料を入れて汁気がなくなるまで煮詰める。
3 たれの材料を合わせて火にかけて煮詰め、たれを作る。
4 ハモは骨切りをして縦に串を打ち、白焼きにしてから、たれをかけながら両面をてりよく焼き上げたら、一口大に切る。
5 すし飯を容器に詰め、ハモ、九条葱の佃煮、錦糸卵を市松模様にして交互にのせ、木の芽をあしらう。

長崎角煮弁当　95頁

長崎

【材料】豚の角煮※　炊き込みご飯（米2合、人参5㎝長さ、ごぼう8㎝長さ、干し椎茸2枚、角煮の煮汁60㎖、水、塩少々）　錦糸卵※　絹さや　梅人参

【作り方】

1 炊き込みご飯を作る。人参、ごぼうはそれぞれ細切りにする。ごぼうは水にさらす。干し椎茸は戻して細切りにする。

2 鍋に1の具、角煮の煮汁を入れ、水をひたひたに注ぎ入れて、ふたをして具が柔らかくなるまで煮たら、汁気がなくなるまで炒り煮にする。

3 炊飯釜にといだ米を入れ、水を目盛りまで入れたら2の具と塩少々を入れて炊く。

4 器に炊き込みご飯を詰めて錦糸卵を広げてのせる。角煮を並べて置き、梅人参、絹さやを添える。

※豚の角煮／豚バラ塊肉を用意し、鍋に豚肉と米ぬかを入れ、たっぷりの水を注ぐ。肉が柔らかくなるまで2～3時間煮たら、ぬかを洗い流す。鍋に油を熱して豚バラ肉を強火で焼いて焼き色をつけて切り分ける。別鍋にねぎの青い部分と生姜、だし、酒、砂糖、濃口醤油を加えて豚肉を入れ、肉が十分に柔らかくなるまで煮る。

※錦糸卵／卵1個、マヨネーズ小さじ1/2を合わせて薄焼きにし、冷めてから細切りする。

肥後弁当　95頁

熊本

【材料】

◇高菜の焼き飯

玉ねぎのみじん切り50g　人参のみじん切り20g　高菜刻み70g　しらす30g　ご飯2合分　バター30g　ごま油少々

◇煮しめ

里芋2個　人参1/4本　こんにゃく1/3枚　昆布1枚　蓮根1/3節　干し椎茸3枚　ごぼう1/4本　絹さや3枚）　煮しめの煮汁（かつおだし360㎖　砂糖20g　みりん15㎖　濃口醤油30㎖　酒15㎖）

◇辛子蓮根

麦味噌30g　和辛子80g　茹で卵の黄身30g　小麦粉・クチナシ・水各少々　蓮根1/3節　片栗粉少々

◇馬肉の炙り焼き

馬肉40g　塩・黒胡椒各少々

◇一文字のぐるぐる

【材料】一文字2枚　玉味噌20g　酢少々　ステーキソース※適量

【作り方】

1「高菜の焼き飯」を作る。玉ねぎと人参のみじん切りをしんなりするまでごま油で炒めたら、高菜としらすを加えてよく炒める。ご飯を入れ、バター、塩、胡椒で味を調え、ほぐし炒める。

2「煮しめ」を作る。里芋、人参、こんにゃく、蓮根は、それぞれ一口大に切り揃え、それぞれ下茹でしておく。下茹でした野菜と戻した干し椎茸を煮汁で煮て味を含める。最後に塩茹でした絹さやを加える。

3「辛子蓮根」を作る。蓮根は酢水で湯がいて冷まし、八方だしで炊いておく。蓮根の穴の中に麦味噌、和辛子、茹で卵の黄身を混ぜたものを詰め入れる。水にくちなしを入れて黄色く着色した水に小麦粉を加えて衣にして蓮根につけて揚げる。食べやすい幅に切り分ける。

4「馬肉の炙り焼き」を作る。馬肉に塩、胡椒をふって炙り、ステーキソース※を添える。

5「一文字のぐるぐる」を作る。一文字は熱湯で茹でて塩をふって冷まして、ぐるぐるに巻く。玉味噌に酢を加えて酢味噌を作り、一文字のぐるぐるにかける。

※ステーキソースは、煮きり酒2合、煮きりみりん4合、濃口醤油1.5合、たまり醤油1合、玉ねぎのすりおろし1/2個分、生姜のすりおろし50g、にんにくのすりおろし25g、黒ごま・白ごま各少々を合わせて火にかけ、煮立ってきたら水溶きの葛粉でとろみをつけたもの。

ちらしずし弁当　96頁

上段

◎鰻巻き卵（88頁参照）

◎穴子鳴門巻き（145頁参照）

◎蓮根含め煮（143頁参照）

◎人参含め煮（143頁参照）

◎里芋含め煮（131頁「小芋の煮物」参照）

◎すり身美人粉揚げ（121頁参照）

◎ミニオクラ（159頁参照）

◎焼き長芋（169頁参照）

◎常節の旨煮（130頁参照）

◎茄子煮物（150頁「揚げ茄子の含め煮」参照）

下段

◎ちらしずし（123頁参照）

握りずし弁当　96頁

上段

◎握りずし（蛸、烏賊、鯛、鯵、海老）

◎酢取りみょうが（146頁参照）

下段

◎だし巻き卵（118頁参照）
◎ごぼう含め煮（140頁参照）
◎小芋含め煮（168頁参照）
◎カマス祐庵焼き（168頁「祐庵焼き」参照）
◎蛸の柔らか煮（131頁参照）
◎帆立すり身の替わり衣揚げ（121頁参照）
◎海老塩茹で（139頁参照）
◎枝豆塩茹で

握りずし弁当 97頁

◎鮭有馬焼き（133頁参照）
◎飛龍頭含め煮、木の芽（115頁参照）
◎楽京赤ワイン漬け（164頁参照）
◎だし巻き卵（118頁参照）
◎しめじポン酢漬け松葉刺し（153頁参照）
◎穴子博多袱紗寄せ（152頁参照）
◎栗渋皮煮（133頁参照）
◎ホワイトアスパラ梅酢漬け（117頁参照）
◎花蓮根甘酢漬け（117頁参照）
◎鱧照り焼き（145頁参照）
◎くわい甘煮（132頁参照）
◎鮭昆布巻き（152頁参照）
◎こんにゃく田舎煮（133頁参照）
◎貝柱黄身煮（152頁参照）
◎紅葉赤パプリカ（52頁参照）
◎紅葉、木の葉丸十（132頁参照）
◎かっぱ巻き、鉄火巻き　いなりずし、鮪磯辺巻き
◎甘酢漬け生姜（135頁参照）

酒肴盛り弁当 96頁

◎だし巻き卵（118頁参照）
◎紅葉赤パプリカ（52頁参照）
◎秋刀魚有馬焼き（133頁参照）
◎木の葉丸十（132頁参照）
◎鮭昆布巻き（152頁参照）
◎しめじポン酢漬け（153頁参照）
◎穴子白煮（131頁参照）
◎花蓮根甘酢漬け（117頁参照）
◎いんげん　金針菜　ちしゃとう　蛸松葉刺し
◎ごぼう含め煮（143頁参照）
◎椎茸利休揚げ（153頁「椎茸美人粉揚げ」参照）
◎くわい甘煮（132頁参照）
◎ミニオクラ（157頁参照）
◎鱧白焼き（153頁「鱧の照り焼き」参照）
◎穴子博多袱紗寄せ（152頁参照）
◎車海老芝煮（115頁参照）
◎百合根茶巾しぼり（152頁参照）

豚角煮ご飯 97頁

【作り方】豚角煮（174頁「長崎角煮弁当」参照）をひと口大に切り、小芋の含め煮（168頁参照）、二色パプリカ、ねじり梅人参、三つ葉の軸をご飯にのせる。

五目炊き込みご飯 97頁

【作り方】米2合はといでざるにあげて30分ほどおく。こんにゃくは細切りにして下茹でする。鶏肉はこま切れに、人参は細切りにして、米と合わせ、だし360㎖、薄口醤油大さじ1、塩湖西小さじ1/2、オイスターソース小さじ1、みりん大さじ1を加えて炊飯する。

鰻蒲焼きご飯 97頁

【作り方】ご飯に錦糸卵を広げてのせ、鰻の蒲焼きをのせる。パプリカのスライス、スナップえんどうの斜め小口切り、塩茹で枝豆を散らす。

合鴨ロースご飯 97頁

【作り方】ご飯に合鴨ロース（114頁参照）のスライスを盛り、花蓮根の含め煮、栗甘露煮をのせ、二色パプリカ、絹さやを添える。

鶏肉パリパリ揚げご飯 97頁

【作り方】ご飯に錦糸卵を広げてのせ、鶏肉パリパリ揚げ※をのせる。黄色と赤色パプリカのスライス、さっと茹でた三つ葉の軸を彩りよく添える。

※鶏のパリパリ揚げは、鶏もも肉に楊枝を4～5本刺して身を固定して一晩塩水に漬ける、これを取り出して一晩風干しする。高温で皮目から揚げ、表面を固めたら冷まし、中温で二度揚げして中まで火を通す。最後に高温でパリッと揚げて仕上げる。

洋風カツサンド弁当 98頁

【作り方】サンドイッチ用食パンの耳を切り落としてバターと辛子を塗る。一組は豚カツ、もう一組にはエビフライときゅうりのせん切りとレタス、タルタルソースをサンドしてホットサンドメーカーで焼く。好みでフライドポテト、ウィンナー、ブロッコリーなどを詰める。

※本書は、旭屋出版MOOK「人気の弁当料理」(平成15年刊)に、
新たに弁当料理を追加撮影し、再編集・構成、改題し書籍化したものです。

■著者紹介

大田《おおた》　忠道《ただみち》

1945年兵庫県生まれ。「百万一心味　天地の会」会長。兵庫県日本調理技能士会会長、神戸マイスター、2004年春「黄綬褒章」受賞。2012年春「瑞宝単光章」受賞。中の坊瑞苑料理長を経て独立。現在、兵庫県有馬温泉で『奥の細道』『四季の彩　旅篭　』『ご馳走塾　関所』を開設。全国の旅館、ホテル、割烹等に多くの調理長を輩出。テレビ、雑誌でも活躍する一方、兵庫栄養製菓専門学校、ベターホーム協会などで調理を教える。著書に「だし　合わせ調味料便利帳」「新・刺身料理の調理と演出」「和食の人気揚げ物料理」「人気の和食づくり入門」「小鉢の料理　大全」(以上、旭屋出版刊)など多数。

■料理制作協力

総料理長　森枝弘好

『山陰・三朝温泉　斉木別館』
〒682-0122　鳥取県東伯郡三朝町山田70
TEL：0858-43-0331

総料理長　山野　明
料 理 長　吉永達生

『京　綾部ホテル』
〒623-0031　京都府綾部市味方町倉谷13
TEL：0773-40-5100

総料理長　元宗邦弘

『清次郎の湯　ゆのごう館』
〒707-0062　岡山県美作市湯郷906-1
TEL：0868-72-1126

■器協力

株式会社 勝藤屋
〒600-8847　京都市下京区朱雀分木町79
TEL：075-311-6054

株式会社 織部
〒101-0021　東京都千代田区外神田5-1-3
TEL：03-3832-1211

■撮影／吉田和行
■アートディレクション／國廣正昭
■デザイン／佐藤暢美
■編集／岡本ひとみ

「人気の弁当料理」大全

■弁当づくりの調理便利帳■

発 行 日　平成28年11月1日　初版発行

著　　者　大田《おおた》　忠道《ただみち》

発 行 者　早嶋　茂
制 作 者　永瀬正人
発 行 所　株式会社 旭屋出版
〒107-0052
東京都港区赤坂1-7-19 キャピタル赤坂ビル8階
TEL：03-3560-9065（販売）
03-3560-9066（編集）
FAX：03-3560-9071
旭屋出版ホームページ　http://www.asahiya-jp.com
郵便振替　00150-1-19572

印刷・製本　大日本印刷株式会社

ISBN978-4-7511-1237-3　C2077